中华人民共和国法律释义丛书

全国人民代表大会常务委员会法制工作委员会　编

中华人民共和国
专利法释义

主　编：安　建（全国人大常委会法制工作委员会副主任）

撰稿人：袁　杰　王　清　李建国　王　翔　蔡人俊　陈扬跃　刘择巍

法律出版社

图书在版编目(CIP)数据

中华人民共和国专利法释义/安建主编;全国人大常委会法制工作委员会编. --北京:法律出版社,2009.3(2018.11 重印)
(中华人民共和国法律释义)
ISBN 978-7-5036-9382-3

Ⅰ.①中… Ⅱ.①安… ②全… Ⅲ.①专利法—法律解释—中国 Ⅳ.①D923.425

中国版本图书馆 CIP 数据核字(2009)第 037608 号

中华人民共和国专利法释义
ZHONGHUA RENMIN GONGHEGUO ZHUANLIFA SHIYI

安 建 主编
全国人大常委会法制工作委员会 编

责任编辑 麦 锐
装帧设计 李 瞻

编辑统筹 法规出版分社
出版 法律出版社
开本 850 毫米×1168 毫米 1/32
总发行 中国法律图书有限公司
印张 8.25
经销 新华书店
字数 166 千
印刷 北京玺诚印务有限公司
版本 2009 年 3 月第 1 版
责任印制 吕亚莉
印次 2018 年 11 月第 2 次印刷

法律出版社/北京市丰台区莲花池西里 7 号(100073)
网址/www.lawpress.com.cn
投稿邮箱/info@lawpress.com.cn
销售热线/010-83938336
举报维权邮箱/jbwq@lawpress.com.cn
咨询电话/010-63939796

中国法律图书有限公司/北京市丰台区莲花池西里 7 号(100073)
全国各地中法图分、子公司销售电话:
统一销售客服/400-660-6393
第一法律书店/010-83938334/8335 西安分公司/029-85330678 重庆分公司/023-67453036
上海分公司/021-62071639/1636 深圳分公司/0755-83072995

书号:ISBN 978-7-5036-9382-3 **定价**:38.00 元

总　　序

人类文明的历史上，还没有哪一个时代像中国的改革开放40年一样，在历史长河中掀起如此巨大的浪花——它不仅深刻改变了一个国家的面貌与精神气质、使数亿人摆脱贫困，还极大地改变了世界格局。

1978，在那一年的年底，中共中央一次全体会议——十一届三中全会扭转了中国的前进方向，开辟了一个时代。回首过去，我们发现，一些观念从那时开始在中国出现，一些声音从那时开始逐渐响起，一些人物开始登上历史舞台。从这一年开始，随着“加强社会主义民主，健全社会主义法制”历史性任务的提出，“法制”两个字进入了人们的视野；政法机关开始恢复重建；法律院系开始蓬勃发展。一部部法律从庙堂走进了人们的生活，一次次裁决推动着国家前进的脚步。从“有法可依、有法必依、执法必严、违法必究”到“科学立法、严格执法、公正司法、全民守法”；从“法制”到“法治”；从法治观念的形成到“依法治国，建设社会主义法治国家”写进宪法，再到“法治国家、法治政府、法治社会一体建设”，人们对法治的认识步步深入，中国的改革不断向前推进，结出丰硕的果实。在中国共产党的带领下，这个励精图治的古老国度，再一次创造了改革的奇迹。

40年发生了无数故事,40年产生了许多事物。为了纪念这难忘的40年,本社组织编辑出版了一批“纪念改革开放40周年”主题图书。这些图书,将40年来颁布的重要法律及其释义甄选汇集,将法学领域有代表性的学术论文萃取精编,把有关政法机关的重建、法律院系的重生与发展进行展现,将一批被时代改变命运的人物再次唤起。我们希望从法律与法律人的视角,重新审视过去的40年,认真体会这不平凡的40年。

如江河东下,逝者如斯。岁月总会过去,人事总有代谢,但一个不平凡的时代留下的深刻痕迹,永远不会磨灭。“不忘初心,牢记使命”,习近平总书记在党的十九大报告中向全党发出的号召,使我们有理由期待,下一个40年,中国将更加惊艳!

法律出版社编辑委员会

2018年10月

出 版 前 言

《中华人民共和国法律释义丛书》是由全国人大常委会法制工作委员会组织编辑的一套系列丛书。

该套丛书由一系列法律释义组成。邀请有关专家、学者和部分参与立法的同志编著。该丛书坚持以准确地反映立法宗旨和法律条款内容为最基本要求，在每部法律释义中努力做到观点的权威性和内容解释的准确性。

我们相信，该套丛书的陆续出版，将会给广大读者进一步学好法律提供有益的帮助。

重印说明

本次重印,是为改革开放40周年制作的特别纪念版,为了保持内容原貌,未对正文和附录作实质修改。个别法条内容有修订或修正的,以脚注形式作了标注。特此说明。

2018年10月

前　言

十一届全国人大常委会第六次会议表决通过了《全国人民代表大会常务委员会关于修改〈中华人民共和国专利法〉的决定》。修改后的专利法的颁布实施，对于保护专利权人的合法权益，鼓励发明创造，推动发明创造的应用，提高创新能力，促进科学技术进步和经济社会发展，有着重要意义。

为了配合修改后的专利法的学习、宣传，帮助读者理解这部重要法律的内容，全国人大常委会法制工作委员会经济法室参与专利法立法工作的同志编写了本书，供学习参考。

目　录

第一部分　释　义

第二部分 附 录

第一部分　释　　义

第一章　总　　则

第一条　为了保护专利权人的合法权益，鼓励发明创造，推动发明创造的应用，提高创新能力，促进科学技术进步和经济社会发展，制定本法。

【释义】　本条是关于本法立法目的的规定。本法的立法目的是：

一、保护专利权人的合法权益

本法所称"专利权"，是指依照专利法的规定，专利权人对其所获得专利的发明创造（发明、实用新型或外观设计），在法定期限内所享有的独占权或专有权。制定专利法，就是要通过建立专利制度，保护专利权人依法获得的专利权，从而鼓励创新。根据专利法的规定，除法律另有规定外，未经专利权人许可，任何人不得为生产经营目的制造、使用、许诺销售、销售、进口其专利产品，或者使用其专利方法以及使用、销售、进口依照该专利方法直接获得的产品。否则，就构成对专利权的侵犯,侵权人应依法承担法律责任。我国专利法专设了“专利权的保护”一章,对专利权的保护范围,侵犯专利权行为的法律责任,包括民事责任、行政责任和刑事责任等,作了明确的规定,为保护发明创造专利权人的合法权益提供了法律依据。

二、鼓励发明创造

依照专利法的规定,被授予专利权的发明创造,专利权人享有专有权。专利权人可以通过自行实施专利取得收益,也可以通过许可他人实施专利取得许可使用费,还可以用专利权作为投资取得股权,当然也可以通过转让其专利权而获得转让费。总之,通过专利法所确立的专利制度,使得那些具有实用价值和经济意义,被依法授予专利权的发明创造,成为专利权人的财产权利,专利权人可以依此在经济上得到利益,这对于鼓励发明创造,调动人们发明创造的积极性,吸引更多的资金、人力投入发明创造活动,会产生重要的作用。这一点,已被国外实行专利制度300多年的历史所证实,也为我国专利法实施以来在鼓励发明创造方面所产生的重大作用所证实。

三、推动发明创造的应用

制定专利法,实行专利制度的目的,不仅着眼于保护专利权人的利益,鼓励发明创造,重要的还在于推动发明创造的应用。专利法对发明创造推广应用的促进作用,主要体现在以下两个方面:

1. 按照专利法的规定,专利权人对其取得专利的发明创造享有专有权,他可以通过自行实施其专利而取得收益,也可以按照专利法的规定,与他人订立专利实施许可合同,通过许可他人实施其专利而取得被许可人支付的专利许可使用费。一般来说,专利推广应用的范围越广,说明该项专利的经济意义和实用价值越大,专利权人能够得到的收益也越多。这显然有利于调动单位和个人进行发明创造并努力使其发明创造得以推广应用的积极性,而没有必要对其发明创造进行保密、封锁,妨碍其推广应用。同时,为了有利于发明创造的推广应用,防止对专利技术的垄断,专利法还规定了专利实施的强制许可制度,即专利权人自己不实施其专利,又不许可他人以合理条件实施其专利的,国家专利主管机关可以依法定条件和程序,根据他人的申请,给予实施该项专利的强制许可。此外,我国专利法还规定了具有我国特色的专利实施的"指定许可"制度,即国有企业事业单位的发明专利,对国家利益或者公共利益具有重大意义的,国务院有关主管部门和省级人民政府报经国务院批准,可以决定在批准的范围内推广应用,允许指定的单位实施。当然,不论是专利实施的强制许可还是指定许可,被许可实施者都应向专利权人支付使用费。这既保护了专利权人的利益,又可以避免专利权人对其专利技术的不适当垄断,有利于促进专利技术的推广应用。

2. 在法律保护下的专利技术公开,是专利法规定的一项重要制度。按照专利法的规定,申请发明或者实用新型专利的申请人,应当将其申请专利的发明创造的内容,按照清楚、完整,以所属技术领域的技术人员能够实现为准的要求,写成说明书，提交给专利管理机关，并由专利管理机关依法予以公布。由于有了这项法定的公开制度，可以实现有关发明创造信息的全社会共享，有关单位和个人可以通过这一途径查到所需要的技术，对已授予专利的发明创造，及时与专利权人联系，取得使用许可，从而有利于发明创造得到推广应用。据世界知识产权组织统计，世界上90%～95%的发明都可以在公开的专利技术文献中查到。这无疑对技术信息的交流和发明创造的推广应用起到了重要的推动作用。

四、促进科学技术进步和经济社会发展

现代社会，以专利、商标为核心的知识产权已经成为国家间、企业间竞争的重要手段，是世界各国经济实力的主要体现。我国制定和修改专利法，就是要通过不断完善专利制度，合理调整人们在发明创造过程中产生的利益关系，对发明创造及其运用过程中的权利予以明确和保护，从而进一步激发人们的创造热情，推动科技进步，促进经济社会的发展，增强我国的综合实力。

第二条　本法所称的发明创造是指发明、实用新型和外观设计。

发明，是指对产品、方法或者其改进所提出的新的技术方案。

实用新型，是指对产品的形状、构造或者其结合所提出的适于实用的新的技术方案。

外观设计，是指对产品的形状、图案或者其结合以及色彩

与形状、图案的结合所作出的富有美感并适于工业应用的新设计。

【释义】　本条是关于专利权的客体，即可以取得专利保护的发明创造的范围的规定。

依照本条规定，可以取得专利保护的发明创造包括：

1. 发明。专利法意义上的发明有特定的含义。按照世界知识产权组织主持起草的《发展中国家发明示范法》对发明所下的定义，发明是发明人的一种思想，是利用自然规律解决实践中特定问题的技术方案。本法所称的发明，是指对产品、方法或者其改进所提出的新的技术方案。主要包括产品发明和方法发明两类。产品发明是指人工制造的各种有形物品的发明，如新的机器、设备、材料、工具、用具等的发明。方法发明是指关于把一个物品或物质改变成另一个物品或物质所采用的手段的发明，如新的制造方法、化学方法、生物方法的发明等。由于发明是可以产生一种全新的产品或者方法的技术方案，是科技含量和创造性都较高的一种发明创造，因此，各国专利法都将发明作为专利保护的基本对象。

2. 实用新型。本法所称实用新型是指对产品的形状、构造或者其结合所提出的适于实用的新的技术方案。按照这一规定，专利法所称的实用新型，应具备以下特征：第一，实用新型的客体必须是一种产品。非经加工制造的自然存在的物品，以及一切有关的方法，包括产品的制造方法、使用方法、通讯方法、处理方法以及将产品用于特定用途的方法等，不属于实用新型专利的保护范围。第二，实用新型是针对产品的形状、构造或组合而言，即必须是对产品的外部形状、内部结构或者二者的结合提出的一种新的技术方案。单纯以美感为目的的产品的形状、图案、色彩或者其结合的新设计不属于实用新型的技术方案。第三，实用新型必须具有实用性，即应当具有一定的实用价值并且在产业上能够制造。第四，实用新型必须是“新型”，即具有一定的创新性，属于一种“新的技术方案”。由于实用新型必须是一项新的技术方案，其实质也是一种发明，只不过其创造性和技术水平的要求要低于发明专利，因此，通常将实用新型的发明称为“小发明”，取得专利的实用新型被称为“小专利”。

3. 外观设计。按照本法的规定，外观设计是指对产品的形状、图案、色彩或者其结合所作出的富有美感并适于工业应用的新设计。根据这一定义，作为专利保护的外观设计应具备如下特征：一是外观设计的载体必须是产品。产品是指任何用工业方法生产出来的物品。不能重复生产的手工艺品、农产品、畜产品、自然物等，不能作为外观设计的载体。二是构成外观设计的是产品的形状、图案或者其结合或者它们与色彩的结合。产品的色彩不能独立构成外观设计。可以构成外观设计的组合有：产品的形状；产品的图案；产品的形状和色彩；产品的图案和色彩；产品的形状、图案和色彩。三是该外观设计能应用于产业上并形成批量生产。四是该外观设计是一种富有美感的新的设计方案。符合前述特征，经专利权人申请，可以授予外观设计专利权。但根据新修改的专利法第二十五条的规定，对平面印刷品的图案、色彩或者二者的结合作出的主要起标识作用的设计，不授予专利权，可以通过商标权、著作权等法律制度获得保护。

关于发明、实用新型和外观设计的定义，在本次修正前的专利法中未作规定，而是规定在专利法实施细则中。这次修改专利法，有不少意见提出，发明、实用新型和外观设计的定义是专利法的基本内容，也是驳回专利申请和宣告专利权无效的法律依据，应在法律中作出规定。在我国建立专利制度初期，对如何界定发明、实用新型和外观设计的范围更加适合我国国情尚缺乏深入的认识，需要总结经验，因此，当时未将其规定在专利法中。经过多年的实践，目前对上述三类发明创造的定义已逐渐形成共识，符合我国实际，也与国际上通行做法相适应，将其纳入专利法中，将使我国专利法的规定更加完善。

第三条　国务院专利行政部门负责管理全国的专利工作；统一受理和审查专利申请，依法授予专利权。

省、自治区、直辖市人民政府管理专利工作的部门负责本行政区域内的专利管理工作。

【释义】　本条是关于专利行政管理体制及专利管理职责的规定。

一、依照本条第一款的规定，国务院专利行政部门负责管理全国专利工作。这里讲的“国务院专利行政部门”，按照现行的国务院机构设置，是指国家知识产权局。按照本法和国务院批准的国家知识产权局“三定”方案的规定，国务院专利行政部门管理全国专利工作的职责主要包括：拟订有关专利权的法律、法规草案，拟订和实施专利管理工作的政策和制度；统一受理和审查专利申请（具体工作委托其所属的中国专利局承担），对符合本法规定的授予专利权的条件的，依法授予专利权；设立专利复审委员会，依法处理当事人有关专利事务的复审请求；指导地方处理、调解专利侵权纠纷案件，依法查处假冒专利行为；负责专利工作的国际合作事宜；组织制定全国专利工作发展规划和专利信息网络规划；组织、推动专利法律知识的宣传普及工作等。

二、依照本条第二款的规定，省、自治区、直辖市人民政府管理专利工作的部门负责本行政区域内的专利管理工作。这里讲的省级政府“管理专利工作的部门”，可以是本级政府所设的专门管理专利工作的部门，如专利局或知识产权厅（局），也可以是本级政府确定的其他负责管理专利工作的部门，如科技主管部门等。具体由哪个部门作为本级政府管理专利工作的部门，应由省、自治区、直辖市人民政府根据《中华人民共和国地方各级人民代表大会和地方各级人民政府组织法》的规定确定。按照本法的规定，省级政府管理本行政区域内的专利工作的职责，主要是根据当事人的请求，依法处理专利侵权纠纷，依法查处假冒专利的行为，以及国务院专利行政部门和本级人民政府赋予的其他职责。

第四条　申请专利的发明创造涉及国家安全或者重大利益需要保密的，按照国家有关规定办理。

【释义】　本条是关于申请专利的发明创造涉及国家秘

密的保密问题的规定。

一、按照本条规定，对涉及国家秘密的专利申请的保密问题，应按照国家有关规定办理。这里讲的“国家有关规定”，包括《中华人民共和国保守国家秘密法》的规定，也包括国务院制定的专利法实施条例等有关行政法规的规定。

二、全国人大常委会于1988年9月制定了《中华人民共和国保守国家秘密法》，该法规定：“国家秘密是关系国家的安全和利益，依照法定程序确定，在一定时间内只限一定范围的人员知悉的事项。”该法对保守国家秘密的基本制度作了规定。申请专利的发明创造，涉及依法确定为国家秘密的事项的，应当依照保密法的有关规定执行。

三、按照现行有关规定，国防系统各单位申请发明专利，涉及国防方面的国家秘密需要保密的，其专利申请由国务院国防科学技术主管部门设立的专利机构受理；国务院专利行政部门受理的涉及国防方面的国家秘密需要保密的发明专利申请，应当移交国务院国防科学技术主管部门设立的专利机构审查，由国务院专利行政部门根据该专利机构的审查意见作出决定。对国防专利以外的其他需要保密的专利申请，国务院专利行政部门在受理后，应当将需要进行保密审查的申请转送国务院有关主管部门审查；有关主管部门应当自收到该申请之日起四个月内，将审查结果通知国务院专利行政部门；需要保密的，由国务院专利行政部门按照保密专利申请处理，并通知申请人。根据《国防专利条例》的规定，国防专利是指涉及国防利益以及对国防建设有潜在作用需要保密的发明专利。国防专利申请统一由国防专利机构受理和审查;经审查认为符合该条例规定的,由国务院专利行政部门授予国防专利权。国防专利机构受理的国防专利申请,在受理、审查、复审、授权、转让、实施、调处纠纷和诉讼的过程中,在未解密前按照《中华人民共和国保守国家秘密法》和有关主管部门的规定进行管理。绝密级涉及国防利益的发明不得申请国防专利。

根据新专利法的规定,在中国完成的发明或者实用新型,向外国申请专利的,在向外国申请专利之前应当先报经国务院专门行政部门进行保密审查。具体办法将在新修改的专利法实施条例中作出专门规定。

第五条　对违反法律、社会公德或者妨害公共利益的发明创造,不授予专利权。

对违反法律、行政法规的规定获取或者利用遗传资源,并依赖该遗传资源完成的发明创造,不授予专利权。

【释义】 本条是关于对违反法律及社会公共利益和对违反法律、行政法规获取或者利用遗传资源完成的发明创造不授予专利权的规定。

一、对违反法律、社会公德或者妨害公共利益的发明创造,不授予专利权。

依照本条第一款的规定,不授予专利权的发明创造包括:

1. 违反法律的。这里讲的"法律",是指由全国人大及其常委会制定的法律,不包括行政法规、地方性法规和规章等其他规范性文件。所谓违反法律的发明创造，是指该发明创造本身的目的与法律相违背。例如，专用于赌博的设备或工具；吸毒的器具；伪造国家货币的设备等都属于违反法律的发明创造，不能被授予专利权。如果发明创造本身的目的并没有违反法律，但由于被滥用而违反法律的，不属于违反法律的发明创造。例如，以国防为目的的各种武器、以医疗为目的的各种毒药、麻醉品、镇静剂、兴奋剂和以娱乐为目的的棋牌等。此外，按照我国加入的《保护工业产权巴黎公约》（以下简称"巴黎公约"）和《与贸易有关的知识产权协定》（以下称"TRIPs"）的规定，如果仅因法律禁止专利产品的销售或使用，或者禁止依专利方法制造的产品的销售或使用，那么对这种产品的发明创造或者制造这种产品的方法不应拒绝授予专利权。

2. 违反社会公德的发明创造。"社会公德"，是指公众普遍认为是正当的，并被接受的伦理道德观念。如果一项发明创造在客观上与社会公德相违背，不能被授予专利权。例如，带有暴力凶杀或者淫秽的图片或者照片的外观设计，非医疗目的的人造性器官或者其替代物，人与动物交配的方法等发明创造违反道德风俗，不能被授予专利权。

3. 妨害公共利益的发明创造。"公共利益"，是指社会公众的共同利益。包括公共安全、环境保护、公共秩序等。妨害公共利益的发明创造，是指该发明创造的实施或使用会给公众或社会造成危害，或者会使社会的正常秩序受到不利的影响。例如，一种可使盗窃者双目失明或者会给使用不慎者造成失明的防盗窃装置，不能被授予专利权；一种因其实施或使用会导致严重环境污染的发明创造，也不能授予专利。但是，如果一项发明创造仅由于被滥用而可能造成危害的，或在产生积极效果的同时存在某种缺点的，则不应认为是妨害公共利益的发明创造。

4. 如果一项申请专利的发明创造的一部分属于违反国家法律、社会公德或妨害社会公共利益，而其他部分是合法的，按照国家专利局有关专利审查指南的要求，审查人员应当通知申请人进行修改，删除违反专利法规定的部分。如果申请人不同意删去违反的部分，就不能被授予专利权。

各国专利法和一些有关专利的国际公约都规定，对违反社会公共利益、公共道德的发明创造不授予专利权，否则势必与实行专利制度的目的相悖，不仅不利于社会发展，反而对社会造成危害。例如，TRIPs 规定，为保护公共秩序或公共道德，包括保护人类、动物或植物的生命与健康，或为避免对环境的严重破坏所必需，各成员可排除某些发明于可获得专利之外。日本专利法规定，妨碍公共秩序、良好风俗或公共卫生的发明，不授予专利权。其他一些国家的专利法也都有类似的规定。我国专利法的规定，与国际上通行的规定基本上是一致的。

二、对违反法律、行政法规的规定获取或者利用遗传资源，并依赖该遗传资源完成的发明创造，不授予专利权。

这一规定是这次修改专利法新增加的内容。主要是为规范依赖遗传资源进行发明创造的行为，维护国家利益而作出的规定。

遗传资源是指来自植物、动物、微生物或其他来源的任何含有遗传功能单位的、有实际或潜在价值的遗传材料。依据本法的规定,依赖遗传资源完成的发明创造,其遗传资源的获得和利用(如克隆遗传资源)应当符合中国有关法律、行政法规的规定。依赖遗传资源完成发明创造的,专利申请人在专利申请文件中应当说明遗传资源的直接来源和原始来源;无法说明原始来源的,应当陈述理由。经国家知识产权局审查,如果该遗传资源的获取或者利用违反法律、行政法规的,将不授予专利权。对已授予专利权,发现其赖以完成发明创造的遗传资源的获取或利用是违反法律、行政法规的,根据本法第四十五条的规定,任何单位或者个人可以请求专利复审委员会宣告该专利权无效。

从严格意义上说,保护遗传资源并不属于专利法的内容,但由于依赖遗传资源完成的发明创造,一旦被授予专利权,便具有了独占性,使提供遗传资源的国家不仅不能分享专利权人因此获得的经济利益,相反,如果使用其专利,还要支付许可费。这对于遗传资源的提供国来说是不公平的。实践中,随着生物技术的发展,遗传资源在农业、医药、化工、环保等领域发挥着越来越重要的作用。由于缺乏有效的制度和措施,创新能力较强的发达国家往往随意获取和利用他国(主要是遗传资源丰富的发展中国家)的遗传资源,损害其利益。为此,1993 年生效的《生物多样性公约》(CBD)规定了一系列遗传资源保护规则。比如 CBD 确立的国家主权原则、事前知情同意原则和惠益分享原则，即各国对其遗传资源拥有主权，遗传资源的取得须经提供这种资源的缔约国事先知情同意，并应就所得惠益与提供国公平分享。一些国家如印度、巴西、安第斯共同体等国家或地区也在本国或者本区域内制定专门保护遗传资源的法律，并相应修正专利法，明确专利申请人应当在申请文件中披露遗传资源的来源，否则将驳回专利申请，对已授权的专利宣告无效。

我国是一个遗传资源较为丰富的国家，随着我国经济的发展和开放程度的不断提高，遗传资源流失的情况时有发生。比如我国野生大豆遗传资源流失案、“北京鸭”遗传资源流失案等。为了维护我国因遗传资源所应获得的正当利益，通过专利法对遗传资源进行保护，在总则中规定以依赖违法获得或利用的遗传资源所完成的发明创造不授予专利权是必要的。

第六条　执行本单位的任务或者主要是利用本单位的物质技术条件所完成的发明创造为职务发明创造。职务发明创造申请专利的权利属于该单位；申请被批准后，该单位为专利权人。

非职务发明创造，申请专利的权利属于发明人或者设计人；申请被批准后，该发明人或者设计人为专利权人。

利用本单位的物质技术条件所完成的发明创造，单位与发明人或者设计人订有合同，对申请专利的权利和专利权的归属作出约定的，从其约定。

【释义】　本条是关于职务发明创造和非职务发明创造申请专利的权利及其专利权的归属的规定。

一、本条所称的“单位”，包括各国家机关、团体、部队，各类企业、事业单位以及民办非企业单位等。本条所称的“发明人”“设计人”，是指对发明创造的实质特点作出创造性贡献的人，即通过自己的智力劳动，完成产品、方法的发明或者实用新型、外观设计的技术方案的人。在完成发明创造的过程中，只负责组织、管理工作的人，为物质条件的利用提供方便的人，以及从事其他辅助工作的人，如计算机录入人员、实验员、描图员等，不应当被认为是发明人或者设计人。还应指出的是，法人或其他组织可以成为专利申请权和专利权的主体，但不能作为发明人或设计人。发明人、设计人只能是通过自己的智慧和才能完成发明创造的自然人。

二、按照本条第一款的规定，属于下列两种情形之一的发明创造，为职务发明创造，其申请专利的权利属于发明人或设计人任职的单位；申请被批准后，该单位为专利权人：

1. 执行本单位的任务所完成的发明创造。例如，科研机构的研究人员完成本单位所下达的科研任务所完成的发明创造；企业的工程技术人员在本职工作范围内完成的新产品设计或新的工艺方法等。按照2002年专利法实施细则的规定，发明人、设计人完成的发明创造属以下情形之一的，为职务发明创造：(1)在本职工作中作出的发明创造；(2)履行本单位交付的本职工作以外的任务所完成的发明创造；(3)退职、退休或者调动工作后一年内作出的，与其在原单位承担的本职工作或者原单位分配的任务有关的发明创造。

2. 主要利用本单位的物质技术条件所完成的发明创造。这里讲的本单位的物质条件，包括利用单位的资金、仪器、设备、原材料等；技术条件，包括单位未公开的技术资料等。发明人、设计人主要利用本单位的物质技术条件完成发明创造，尽管不属于执行本单位的任务，也应作为职务发明创造，申请专利的权利和专利权属于单位。但是，本条第三款另有规定的除外。不少国家的法律都规定，公司、企业的雇员在履行其职务过程中或者完成雇主专门分派给他的工作中所完成的职务发明创造，其申请专利的权利和专利权归于雇主。我国专利法关于职务发明创造专利权归属的规定，与各国的规定大体相同。至于单位与职务发明创造的发明人、设计人之间的利益关系，属于单位内部的关系，应由本单位妥善处理。

三、除本条第一款规定属于职务发明创造的情形外，发明人或者设计人所完成的发明创造，都属于非职务发明创造，其申请专利的权利和申请被批准后的专利权，属于发明人或者设计人。

四、按照本条第一款的规定，主要利用本单位的物质技术条件所完成的发明创造，原则上属于职务发明创造，申请专利的权利和申请被批准后专利权归单位。但是，如果使用本单位的物质技术条件完成发明创造的发明人或者设计人与本单位订了合同，对申请专利的权利和专利权的归属作出约定的，例如，单位与发明人或者设计人在合同中约定，由发明人或者设计人向本单位支付物质技术条件的使用费，而专利申请权及专利权归发明人、设计人所有的，或者双方在合同中约定，专利申请的权利和专利权由双方共有的，则按照本条第三款的规定，应依从双方的约定确定申请专利的权利和专利权的归属。这一规定，有利于鼓励个人发明创造的积极性，也有利于充分发挥单位物质技术条件的作用，避免闲置。

第七条 对发明人或者设计人的非职务发明创造专利申请，任何单位或者个人不得压制。

【释义】 本条是关于禁止压制非职务发明创造专利申请的规定。

一项发明创造，如果其发明人或者设计人既不是在履行其职务过程中所完成的，又不是为执行本单位特别分派的任务所完成的，也不是主要利用本单位的物质技术条件所完成的，这样的发明创造就属于非职务发明创造。按照本法第六条的规定，非职务发明创造申请专利的权利属于发明人或者设计人；申请被批准后，发明人或设计人为专利权人。对非职务发明创造的发明人、设计人申请和取得专利的权利给予充分的法律保护，对于充分调动人们从事发明创造的积极性，促进科学技术的进步，具有重要意义。为此，本条特别规定，对发明人或者设计人的非职务发明创造专利申请，包括发明人或者设计人所在单位在内的任何单位或者个人，都不得以任何方式进行压制。不得以任何理由、方式剥夺或者限制发明人或者设计人对自己的非职务发明创造依法申请专利的权利；不得强行要求发明人、设计人将其非职务发明创造作为职务发明创造；发明人或者设计人没有因完成非职务发明创造影响本职工作的，不能以影响本职工作为借口给予处分。即使因发明人、设计人在履行本职工作上存在的问题而应当给予处分的，也不得压制其对非职务发明创造依法申请取得专利的权利。对违反本条规定，侵夺发明人或者设计人的非职务发明创造申请专利的权利的，将依照本法第七十二条的规定追究其法律责任。

第八条　两个以上单位或者个人合作完成的发明创造、一个单位或者个人接受其他单位或者个人委托所完成的发明创造，除另有协议的以外，申请专利的权利属于完成或者共同完成的单位或者个人；申请被批准后，申请的单位或者个人为专利权人。

【释义】　本条是关于合作完成的发明创造和接受委托完成的发明创造申请专利的权利及专利权的归属的规定。

一、两个以上单位或者个人合作完成的发明创造，可以是单位与单位之间的合作（如科研机构、大专院校和企业之间的合作），也可以是单位与个人之间的合作，还可以是个人与个人的合作。合作的方式，可以是合作各方按照分工分别承担一项发明创造的不同部分或者不同阶段，也可以是一方或几方负责提供资金、设备、场地等物质条件，另一方或几方负责进行技术开发活动。合作完成的发明创造，合作各方可通过协议约定申请专利的权利及申请被批准后专利权的归属，以及合作各方的其他权利、义务。如果合作各方没有就合作完成的发明创造申请专利的权利及专利权的归属达成协议，按照本条的规定，申请专利的权利及取得的专利权应当归属于完成或者共同完成发明创造的一方或几方。如发明创造合作各方共同参与完成的，申请专利的权利和取得的专利权应属于合作各方共有。对此，《中华人民共和国合同法》第三百四十条第一款、第二款规定："合作开发完成的发明创造，除当事人另有约定的以外，申请专利的权利属于合作开发的当事人共有。当事人一方转让其共有的专利申请权的，其他各方享有以同等条件优先受让的权利。合作开发的当事人一方声明放弃其共有的专利申请权的，可以由另一方单独申请或者由其他各方共同申请。申请人取得专利权的，放弃专利申请权的一方可以免费实施该专利。"对于合作各方共同完成的发明创造，应当由各完成方共同作为申请人提出专利申请（当然，实际操作中可选定一方为其他各方的代表，办理有关专利事务），其中一方或几方没有征得其他共同完成方的同意的，不得自行提出专利申请。对此，合同法第三百四十条第三款规定："合作开发的当事人一方不同意申请专利的，另一方或者其他各方不得申请专利。"

二、关于一个单位或者个人接受其他单位或者个人的委托所完成的发明创造，其申请专利的权利和申请被批准后专利权的归属问题。按照民法的一般原则，在委托合同关系中，受托方根据委托方的委托办理委托事务，其办理委托事务的风险应当由委托人承担；同时，其办理委托事务取得的成果，也应当归于委托人。委托人则应按合同的约定向受托人支付费用和报酬。不少国家的法律都规定，接受委托所完成的发明创造，申请专利的权利及取得的专利权属于委托方。我国专利法为侧重保护实际完成发明创造一方的利益，规定接受委托完成的发明创造，除当事人另有协议外，申请专利的权利和取得的专利权归于完成发明创造的一方，即归属于受托方。当然，委托方和受托方以协议规定申请专利的权利和专利权归属于委托方或者由双方共有的，应按照协议的约定执行。对此，我国合同法第三百三十九条也有规定："委托开发完成的发明创造，除当事人另有约定的以外，申请专利的权利属于研究开发人。研究开发人取得专利权的，委托人可以免费实施该专利。研究开发人转让专利申请权的，委托人享有以同等条件优先受让的权利。"

第九条　同样的发明创造只能授予一项专利权。但是，同一申请人同日对同样的发明创造既申请实用新型专利又申请发明专利，先获得的实用新型专利权尚未终止，且申请人声明放弃该实用新型专利权的，可以授予发明专利。

两个以上的申请人分别就同样的发明创造申请专利的，专利权授予最先申请的人。

【释义】　本条是关于"一发明创造一专利"原则的规定。

一、公平原则是民事法律的一项基本原则，专利权是一种民事权利，因而必须遵循公平原则。基于这一原则，为了维护专利秩序，防止公众的合法利益受到损害，许多国家的专利法都作出了不得重复授予专利权的规定，即对于一项发明创造，只能向一个特定主体授予一项、一次授予专利权,人们通常称为"一发明创造一专利"原则,或"专利不重复"原则。我国在长期的专利实践中一直坚持这一原则,但本次修正前的专利法对此并未作出明确规定。这次修改专利法将其纳入,作为我国专利制度的一项基本原则。

二、本条第一款对"一发明创造一专利"原则同时作了例外规定,即同一申请人同日对同样的发明创造既申请实用新型专利又申请发明专利,先获得的实用新型专利权尚未终止,且申请人声明放弃该实用新型专利权的,可以授予发明专利。专利法对发明和实用新型这两种专利权客体都有"三性"要求,并且两者都可以适用于针对产品的创新,只是法律对两者创造性程度的要求不同。对于实用新型专利,法律对创造性的要求是与现有技术相比"具有实质性的特点和进步";对于发明专利,法律则要求其创造性与现有技术相比"有突出的实质性特点和显著的进步"。因而,就一项针对产品的技术创新而言,当事人在提出专利申请时,依法拥有分别寻求发明或实用新型专利保护的选择权,但申请人需自行承担因创造性程度达不到法律所规定的发明专利标准而无法获得发明专利授权的风险。本条第一款允许同一申请人可以同日对同样的发明创造既申请实用新型专利又申请发明专利,是对当事人这种选择权的尊重与确认。专利审查实践中,由于对发明专利申请须进行实质审查,因而耗时较长、授权相对较晚;而对实用新型专利申请由于不进行实质审查,因而耗时较短、授权相对较早。但是,如果对同一申请人就同样的发明创造分别授予实用新型和发明两项专利权，则不当地扩大了申请人的权利、有违公平原则和“一发明创造一专利”原则。因此，鉴于实用新型专利的法定保护期短于发明专利法定保护期，该款规定先获得的实用新型专利权尚未终止，且申请人声明放弃该实用新型专利权的，可以授予发明专利。这既有利于尊重和维护申请人的专利申请权与选择权，也有利于维护公平的社会秩序、防止专利申请人通过专利权的重叠及其法定保护期的重叠不当地扩张自己的利益。

三、如果对同一项发明创造向两个以上的不同主体授予专利权，显然与专利权的独占或专有的性质相悖。那么，当两个以上的主体分别完成了同样的发明创造并都提出专利申请时，应当如何处理呢？国际上有两种处理办法。一种办法称为先发明原则。即两个以上的主体就同样的发明创造提出专利申请时，不论提出申请的先后，专利权授予最先发明的申请人。这种处理办法，有利于保护先发明人的利益，但是，也有其明显的不足。一是不利于充分发挥专利制度鼓励技术公开和交流的作用。因为按照先发明原则，不论先发明人是否提出专利申请，都不影响其在后提出申请时可优先取得专利的权利。因此，先发明人完全可以先不提出专利申请，对其发明保密，一旦他人就同样的发明创造提出专利申请时，先发明人仍可因其发明在先而申请并取得专利。二是对已取得的专利权而言，也会因发明在先原则而影响其稳定性。同时，也给专利审查造成很多麻烦。因为查清谁的发明在先往往比较困难，会增加审查的费用，降低审查效率。目前实行先发明原则的只有美国等极少数国家。另一种办法是先申请原则。即当两个以上的主体就同样的发明创造申请专利时，不论谁发明在先，专利权授予最先提出专利申请的人。实行这一原则，可以克服先发明原则的弊端，有利于鼓励发明人及时提出专利申请，充分发挥专利制度促进技术公开和交流的作用；同时，由于只需要看谁的申请在先，而不需花费大量的时间和精力去确定谁是先发明人，可以大大提高对专利申请审查的效率。因此，世界上绝大多数国家都实行申请在先的原则。按照本条的规定，我国专利法在处理两个以上的主体分别就同样的发明创造申请专利时，也实行申请在先的原则。

两个以上的主体就同样的发明创造提出专利申请时，如何确定申请时间的先后，各国的规定有不同的做法。有些国家按时点计算。在同一日提出的专利申请，按照提出申请的时点的先后确定申请的先后。有些国家则按日计算，同日提出的专利申请，不分先后，作为同时提出的申请。按照现行有关规定，我国实行按日计算的办法。而根据“专利不重复”的原则，对同样的发明创造，只能向一个主体授予一项专利权，那么，在按日计算先后的情况下，如出现两个以上的主体就同样的发明创造在同一日提出专利申请，应当如何处理呢？按照有关规定，两个以上的申请人在同一日分别就同样的发明创造申请专利的，应当在收到专利机关的通知后自行协商确定申请人。在这种情况下，申请各方可以协商确定一个申请人，也可以协商确定各方作为共同申请人。如果各方协商不成的，按照国务院专利行政部门发布的《专利审查指南》的规定，则只能驳回各方的专利申请。对于如何判断两个以上主体申请专利的发明创造是否属于“同样的发明创造”，在《专利审查指南》中分别对是否属于同样的发明、实用新型和外观设计的判断标准作了具体规定，应按此规定执行。

第十条　专利申请权和专利权可以转让。

中国单位或者个人向外国人、外国企业或者外国其他组织转让专利申请权或者专利权的，应当依照有关法律、行政法规的规定办理手续。

转让专利申请权或者专利权的，当事人应当订立书面合同，并向国务院专利行政部门登记，由国务院专利行政部门予以公告。专利申请权或者专利权的转让自登记之日起生效。

【释义】　本条是关于专利申请权和专利权转让的规定。

一、依照本条第一款的规定，专利申请权和专利权都可以转让。

1. 按照本法第六条的规定，职务发明创造，申请专利的权利属于发明人或者设计人任职的单位；非职务发明创造，申请专利的权利属于发明人或者设计人。拥有申请专利的权利的单位或个人可以将其专利申请权转让他人。转让后，受让人成为新的专利申请权人，继受取得原专利申请权人的全部权利和义务。

2. 专利权是依法取得的财产权利。专利权人可以按照自己的意愿依法处分其专利权，既可以收取转让费有偿转让其专利权，也可以以赠与等方式无偿转让其专利权。专利权转让后，专利权的主体变更，受让人成为新的专利权人，对取得专利的发明创造享有独占权，同时应履行专利权人的义务，如缴纳专利年费等。

二、依照本条第二款、第三款的规定，转让专利申请权和专利权，须遵守以下规定：

1. 中国单位或者个人向外国人、外国企业或者外国其他组织转让专利申请权或者专利权的，应当依照有关法律、行政法规的规定办理手续。这里讲的“中国单位”，包括依法取得中国法人资格的各类法人和其他组织；这里讲的中国“个人”，是指我国的公民。当然，香港、澳门两个特别行政区的单位和个人除外。因为按照香港、澳门两个特别行政区基本法的规定，因本法未列入两个基本法的附件三中，因而不适用于香港、澳门两个特别行政区。这一规定修改了原专利法关于“向外国人转让专利申请权或专利权，必须经国务院有关主管部门批准”的规定。随着我国经济的发展和加入世贸组织，我国对技术进出口的管理方式有所变化。2001 年国务院发布的《技术进出口管理条例》对技术的出口分为三类进行管理，第一类是禁止出口的技术；第二类是限制出口的技术，这类技术须经有关主管部门许可才能出口；第三类是自由出口的技术，这类技术只需到国务院对外贸易主管部门登记即可，不需审批。因此，为了与我国技术出口管理制度相衔接，这次修改专利法将专利向国外主体转让需审批的规定，修改为依照有关法律、行政法规的规定办理手续。目前实践中绝大多数专利申请权和专利权均不涉及禁止或者限制出口的技术。这一修改使专利申请权和专利权的对外转让更加便捷。

2. 转让专利申请权或者专利权的，让与人与受让人应当订立合同。该合同为要式合同，即必须以书面形式订立。对转让专利申请权或者专利权的合同，除本法或有关行政法规另有规定的以外，应适用《中华人民共和国合同法》的有关规定。

3. 专利申请权或者专利权的让与人与受让人订立转让合同后，应当向国务院专利行政部门办理登记。专利申请权或者专利权的转让自登记之日起生效。需要指出的是，当事人办理登记，是专利申请权或者专利权转移生效的要件，而不是转让合同生效的要件。依照合同法的规定，依法成立的转让专利申请权或者转让专利权的合同，自成立时即生效，当事人一方不得以未经登记为由主张合同无效。合同成立后，因未向国务院专利行政部门办理登记手续使转让不生效的，当事人应当依法补办登记手续。

4. 按照国务院发布的《国防专利条例》的规定，国防专利申请权和国防专利权只能向国内的中国单位或者中国公民转让，禁止向国外的单位或者个人转让。转让国防专利申请权或者国防专利权的，应当确保国家秘密不被泄露，保证国防和军队建设不受影响，并向国防专利机构提出书面申请，按规定审批。

三、国务院专利行政部门对已经登记的专利申请权或者专利权的转让，应当予以公告，使公众可以知晓专利申请权或者专利权主体的变更情况。

第十一条 发明和实用新型专利权被授予后，除本法另有规定的以外，任何单位或者个人未经专利权人许可，都不得实施其专利，即不得为生产经营目的制造、使用、许诺销售、销售、进口其专利产品，或者使用其专利方法以及使用、许诺销售、销售、进口依照该专利方法直接获得的产品。

外观设计专利权被授予后，任何单位或者个人未经专利权人许可，都不得实施其专利，即不得为生产经营目的制造、许诺销售、销售、进口其外观设计专利产品。

【释义】 本条是关于专利权人对其专利产品或专利方法所享有的专有权的规定。

一、专利权是一种排他性的或称独占性的权利，即专利权人对其专利产品或者专利方法的“实施”享有专有权。何为专利法所称的专利的“实施”，本条对此作了界定：

1. 关于发明和实用新型专利的实施。按照本法有关规定，发明是指对产品、方法或者其改进所提出的新的技术方案；实用新型是指对产品的形状、构造或者其结合所提出的适于实用的新的技术方案。因此，发明可以涉及产品和方法两个方面，而实用新型则只涉及产品而不涉及方法。如果一项专利是关于产品（及其改进）的发明或者实用新型，则该专利的实施就是“为生产经营目的制造、使用、许诺销售、销售、进口其专利产品”的行为；而如果一项专利是关于方法（及其改进）的发明，则该专利的实施就是“为生产经营目的使用其专利方法以及使用、许诺销售、销售、进口依照该专利方法直接获得的产品”的行为。显然,方法专利的实施范围要相对大于产品专利的实施范围,这也被称为“对专利方法的保护延及产品”。当然,仅仅是延及“依照该专利方法直接获得的产品”。

所谓许诺销售(offering for sale),是指通过在商店内陈列或在展销会上演示、列入销售征订单、列入推销广告或者以任何口头、书面或其他方式向特定或非特定的人明确表示对其出售某种产品意愿的行为。实践中,一些单位和个人未经专利权人许可制造侵权产品后,采取在各种媒体上做广告宣传或者在一些展览会、展销会上展出等方式予以促销的现象时有发生。即使专利权人发现了这些促销行为,也只能等到行为人实际销售侵权产品后才能主张其权利。这显然不利于尽早制止侵犯专利权的行为,维护专利权人的合法权益。TRIPs第二十八条将许诺销售权作为发明专利权人的专有权作了规定,一些国家也对此作了规定。为了及早制止侵权行为,进一步保护专利权人的合法权益,使我国的专利制度与国际知识产权制度接轨,2000 年修改专利法时,在发明和实用新型专利的实施行为中增加了“许诺销售”的规定。

2. 关于外观设计专利的实施。依照本法有关规定,外观设计是指对产品的形状、图案或者其结合以及色彩与形状、图案的结合所作出的富有美感并适于工业应用的新设计。因而,外观设计专利仅涉及产品而不涉及方法。依照本条第二款的规定,所谓外观设计专利的实施,是指“为生产经营目的制造、许诺销售、销售和进口其外观设计专利产品”的行为。

关于“许诺销售”,2000 年修改专利法时只增加了发明、实用新型专利权人的许诺销售权,主要是因为 TRIPs 对发明专利权人有此规定,对外观设计专利权人未规定此项权利。为了更好地保护外观设计专利权人的权益,使外观设计专利权人享有与发明、实用新型专利权人同样的权利,这次修改专利法,增加了对外观设计专利权人许诺销售权的规定。

二、所谓专利权人对其专利的独占实施权即专有权,并不意味着只有专利权人自己才可以实施其专利,而是如本条所规定的,专利权人以外的任何单位或个人要实施他人的专利,都必须取得专利权人的许可(本法另有规定的除外)。专利权的行使,可以表现为积极性与消极性两个方面。所谓积极性,是指专利权人行使权利的主动状态,即他可以自己实施其专利,也可以通过合同的方式许可他人实施其专利;所谓消极性,是指专利权人行使权利的被动状态,即专利权人有权禁止他人未经许可而实施其专利,又称“禁止权”。凡是任何单位或个人未经专利权人许可、又无法律依据而擅自实施其专利的,均构成对专利权的侵犯,应当依法承担法律责任。

三、专利权人对其专利产品或方法实施的专有权,本质上是专利权人的私权。但是为了在专利权人的私权与国家利益、公众利益之间实现平衡、防止专利权人滥用权利,专利权人对其专利实施的专有权不是绝对的。本条对专利权人的专有实施权作了“除本法另有规定的以外”的限制。这里所说的“本法另有规定”,一是指本法第十四条规定的对国有企业事业单位的发明专利,经国务院批准的推广实施;二是指国务院专利行政部门依照本法第六章规定给予的专利实施的强制许可。只有在这两种法定情况下，按法定条件和程序，才可以不经专利权人的自愿许可而实施其专利。

第十二条　任何单位或者个人实施他人专利的，应当与专利权人订立实施许可合同，向专利权人支付专利使用费。被许可人无权允许合同规定以外的任何单位或者个人实施该专利。

【释义】　本条是关于专利实施许可的规定。

依照本条规定，任何单位或者个人实施他人专利，无论其以何种方式获得实施许可，都必须承担与专利权人订立实施许可合同，并向专利权人支付专利使用费的法定义务。

一、所谓许可，一般是指一种可撤销的、允许某人从事某种活动或实施某种行为的承诺。许可一般应由权利人给予（约定许可），在特定情况下也可以由政府依法给予（法定许可），这取决于法律的规定。专利权是专利权人依法享有的民事权利。依照本法规定，专利权人可以自己实施也可以许可他人实施其专利。同时，考虑到专利权作为一种带有垄断性的私权，为协调其与公共利益可能发生的冲突，本法还规定了可由专利行政部门依法给予专利实施的强制许可，以及经国务院批准的指定（推广实施）许可。

二、依照本条规定，任何单位或者个人实施他人专利，无论其实施许可来自于专利权人的自愿许可还是由专利行政部门依法给予的强制许可或国务院批准的指定（推广实施）许可，都应当与专利权人订立专利实施许可合同。这里需要说明的是，本次修改前的专利法规定，任何单位或者个人实施他人专利的，应当与专利权人订立书面实施许可合同，即专利实施许可合同为要式合同。这次修改时删除了“书面”二字，即专利实施许可合同为非要式合同，使订立专利实施许可合同的形式更加灵活。这主要是考虑，根据我国合同法的规定，合同可以采取书面形式、口头形式和其他形式。实践中，专利实施许可合同并不都需要采取书面形式。

三、向专利权人支付专利使用费，是被许可实施专利的人应履行的义务，也是专利权人在任何情况下（包括法定许可）所享有的法定权利。只是在不同的许可方式下，该使用费的金额确定方式不同。在约定许可的情形下，由双方约定金额；在强制许可的情形下，有约定则按照约定，约定不成则按照国务院专利行政部门的裁决；在指定许可的情况下，由国家规定。当然，专利权人也有权放弃其收取专利使用费的权利。由于支付使用费是被许可人的法定义务，所以专利权人放弃权利应当是明示的才能有效。

四、无论被许可人以何种方式获得专利实施许可，其都没有超越合同的权利，都无权允许合同规定以外的任何单位或者个人实施该专利。这一规定目的在于充分保护专利权人的权利，使合同约定以外的专利权的其他权利依然保留在专利权人手中。被许可人只能依据实施许可合同取得专利的实施权，不得行使合同没有明确约定的任何权利。同时，该规定实际上也体现了被许可人“亲自实施”的义务。专利实施许可一般分为普通许可、排他许可、独占许可、部分许可和交叉许可等不同类别，每一类别的许可，许可人与被许可人相互间的权利义务都不尽相同。选择何种许可形式，除法律另有明确规定的情形之外，则完全由许可合同的当事人约定。被许可人超越合同约定行使权利，不仅构成违约，而且构成对专利权人的侵权。

第十三条　发明专利申请公布后，申请人可以要求实施其发明的单位或者个人支付适当的费用。

【释义】　本条是关于对发明专利的申请人给予“临时保护”的规定。

一、本法规定专利权的期限是从专利申请日开始计算的，但专利权的取得却以专利权的授予为条件。在提出发明专利申请到被授予专利权之前，其权利主张者仅仅是申请人，而不具有专利权人的身份。因此，在发明专利申请公布后、专利权被授予前，专利申请人并不享有完整的、充分的、真正的专利权，而仅仅是一种被称为临时保护的“准专利权”。这种现象是发明专利申请审查制度的特殊性造成的。

与实用新型和外观设计单纯的“初步审查”不同，我国专利制度对发明不仅进行初步审查，而且还采取“实质审查”原则和“早期公开、延迟审查”原则。所谓初步审查，又称为“形式审查”，审查的主要内容是看专利申请文件是否齐备、其形式是否符合法律要求、申请人是否具有合法身份，等等。对于实用新型和外观设计，只要经过初步审查被认为符合法律要求,就可以被授予专利权,并且将申请内容公开。因此,它们的授权与公开是同步的。在实用新型和外观设计专利被授予之前,公众并不能了解专利申请的内容。但是,对发明专利申请而言,申请内容的公开与专利权的授予却是不同步的。在经过初步审查后,自申请日起满十八个月,发明申请的内容就予以公布,或者根据申请人的请求更早地公布其申请内容,但专利权并不同时授予,而是要等到通过实质审查后,才能被授予专利权。所谓实质审查,就是对发明申请是否具备法律所要求的新颖性、创造性和实用性等授权条件进行审查。这样,就会产生如下矛盾:发明专利申请的内容在被授予专利权之前就已经被公开,因此公众在发明专利申请公开后、专利权被授予前就能够了解到该发明专利申请的内容,并可以根据被公开的专利申请来实施该专利申请所记载的技术方案。而此时,专利权并没有被实际授予,申请人还不具有合法的专利权人的身份,他无权行使禁止权,阻止他人对发明的实施。但是,由于专利权的期限是自专利申请日开始计算的,至少在理论上,发明专利的申请日与授权日之间的这段时间应当是专利权人可以享有权利的期限。而且,由于此时专利权并没有被实际授予,因而在理论上也存在申请人不能最终获得专利权的可能性。而专利制度本身的作用在于既保护发明人或专利权人的利益,也保护公众利益和促进科技进步、提高全社会的科学技术水平。这就要求在发明专利的申请人与社会公众之间,寻求利益的平衡点。一方面,不能由于一项已经公开的技术尚未取得专利权,就禁止公众善意地实施该技术方案,从而以牺牲公众利益与整个社会的技术进步为代价来保护申请人的利益;另一方面,也不能无视申请人自身的正当利益而放任公众对申请人发明的掠夺性实施,从而以伤害申请人发明创造的积极性为代价片面追求技术的进步。因此,就产生了本条规定的"发明申请公布后,申请人可以要求实施其发明的单位或者个人支付适当的费用"这种临时保护措施。

二、本条规定的"临时保护",是对一项尚在申请程序中的发明的专利权处于不确定状态下的"费用请求权"。在这种情形下,法律首先承认公众和社会享受科技进步成果、实施发明技术方案的权利,同时也充分考虑申请人可能最终获得专利权的实际利益,保障公众在享受发明专利申请人所提供的技术成果的同时,给予申请人适当的经济补偿。在专利权被正式授予之前,申请人对其享有的这种费用请求权的实现,只能依赖对方的自动履行,尚不能请求人民法院或管理专利工作的部门借助国家强制力强制当事人履行。但是,一旦专利权被实际授予,则专利申请人即转变为专利权人、临时保护期也转变为专利权有效期。届时,专利权人则有充分的权利,将这种临时保护下的费用请求权转变为强制性的权利,并可以请求人民法院或者管理专利工作的部门借助国家强制力实现其费用要求权。

第十四条　国有企业事业单位的发明专利,对国家利益或者公共利益具有重大意义的,国务院有关主管部门和省、自治区、直辖市人民政府报经国务院批准,可以决定在批准的范

围内推广应用，允许指定的单位实施，由实施单位按照国家规定向专利权人支付使用费。

【释义】 本条是关于国有企业事业单位发明专利指定许可的规定。

指定许可是我国专利制度中的一个特有的制度，体现了“中国特色”。本条第一款关于专利实施的“指定许可”的规定，包含以下几层意思：

1. 可成为“指定许可”客体的专利，只限于发明专利，不包括实用新型专利和外观设计专利。因为一般来说，发明专利是专利法所保护的三种发明创造客体中技术进步意义最大，技术难度最大，往往也是社会、经济价值最大的一种。因此，与实用新型专利和外观设计专利相比，通常只有发明专利可能会对国家利益或公共利益产生较大影响，具有重大意义，因而有必要通过法定的指定许可来推广实施。由于指定许可是对专利权人的专有权的一种限制，除非确有必要，才可允许采用。而实用新型和外观设计专利没有必要一定要采取指定许可的办法。因此，本条将指定许可客体仅限于发明专利。

2. 可作为指定许可客体的发明专利，只限于国有企业事业单位作为专利权人的发明专利。

3. 国家对国有企业事业单位发明专利的指定许可，只能是国有企业事业单位作为专利权人应当享有的自愿许可权利的一种例外。这种指定许可必须具有明确的合理性，必须考虑作为专利权人的国有单位的自身利益，并且必须履行法定的程序。为此，本条第一款规定了指定许可的如下法定条件：

第一,被采取指定许可的专利,必须是对国家利益或者公共利益具有重大意义的发明专利。对国家利益或者公共利益不具有重大意义的发明专利,不采取指定许可的实施方式。第二,指定许可的决定权,只能由国务院有关主管部门和省、自治区、直辖市人民政府在报经国务院批准后行使。其他任何国家机关都无权决定指定许可。第三,指定许可的实施范围,只限于在批准推广应用的范围内,由指定实施的单位实施,个人不能作为指定许可的被许可人。在实际推广与实施过程中不得超出批准的范围。这里所说的范围,应当做广义的理解,包括时间范围、地域范围和行业或专业领域范围等。非指定实施单位,不得擅自实施该发明专利。

4. 被指定的实施单位的专利实施权不是无偿取得的,实施单位应当按照国家规定向专利权人支付使用费。

需要说明的是,这次修改专利法前,我国专利法这条内容的规定还有第二款,即“中国集体所有制单位和个人的发明专利,对国家利益或者公共利益具有重大意义,需要推广应用的,参照前款规定办理”。这次修改专利法,删除了这一款规定,即对发明专利的推广应用仅限于国有企业事业单位的发明专利。

第十五条　专利申请权或者专利权的共有人对权利的行使有约定的,从其约定。没有约定的,共有人可以单独实施或者以普通许可方式许可他人实施该专利;许可他人实施该专利的,收取的使用费应当在共有人之间分配。

除前款规定的情形外，行使共有的专利申请权或者专利权应当取得全体共有人的同意。

【释义】 本条是关于行使共有的专利申请权、专利权的规定。

专利申请权的共有，是指两个以上的单位或者个人共同拥有专利申请权；专利权的共有，是指两个以上的单位或者个人对授予专利权的发明创造具有所有权。这次修改前的专利法未对共有的专利申请权、专利权的行使作出规定。考虑到与物权法上关于共有权行使的规定相比，这两种共有权的行使有其特点，这次修改专利法时增加了本条内容。本条对共有专利申请权、专利权行使的规定是：

1. 共有人对权利的行使有约定的，从其约定。即专利申请权、专利权的共有人有权对共有权的行使进行协商，作出约定。比如，共有人之间约定，行使共有的专利申请权、专利权必须经全体共有人同意。

2. 共有人对权利的行使未作约定的，共有人可以单独实施或者以普通许可的方式许可他人实施该专利，即本条在规定共有人之间对权利行使的约定优先的前提下，对共有人未作约定的专利权的实施问题作了规定：一是共有人可以单独实施该专利；二是共有人可以普通许可方式许可他人实施该专利，即许可他人实施该专利时，只能采取普通许可的方式，不能采取排他许可、独占许可等方式，因为这些许可方式会损害其他共有人的利益。比如排他许可，是指专利权人许可某人实施其专利后，就不能再许可另外的人实施其专利。如果一个共有人以排他许可方式许可他人实施共有专利,就剥夺了其他共有人许可他人实施共有专利的权利,这对其他共有人不公平。所以,本条对许可他人实施专利的方式作了限制。同时,本条对许可他人实施专利的使用费问题作了规定:使用费在共有人之间分配。

3. 除上述规定的情形外,行使共有的专利申请权或者专利权,应当取得全体共有人的同意。即在共有人对行使共有的专利申请权或者专利权未作约定的情形下,共有人可以单独实施或者以普通许可方式许可他人实施其专利。除此之外,对其他权利的行使应当取得全体共有人的同意。

第十六条　被授予专利权的单位应当对职务发明创造的发明人或者设计人给予奖励;发明创造专利实施后,根据其推广应用的范围和取得的经济效益,对发明人或者设计人给予合理的报酬。

【释义】　本条是关于对职务发明创造的发明人或者设计人给予奖励和报酬的规定。

一、本法第六条第一款规定,执行本单位的任务或者主要是利用本单位的物质技术条件所完成的发明创造为职务发明创造。职务发明创造申请专利的权利属于该单位;申请被批准后,该单位为专利权人。根据这一规定,职务发明创造的专利权属于发明人或者设计人所在的单位,该单位是专利权人,享有法律所授予专利权人的一切权利。但是,发明创造从根本上来说,是发明人、设计人智力活动的成果。一项发明创造的完成，发明人或者设计人的知识、智慧以及辛勤的劳动，在其中起着至关重要的作用。发明人或者设计人虽然不能享有职务发明创造的专利权，但对其智力劳动，应当给予相应的回报，这有利于发挥个人进行发明创造的积极性，促进科学技术进步和创新。因此，本条规定，对职务发明创造的发明人或者设计人，单位应当给予奖励；在专利实施后，根据实施情况，给予合理的报酬。这里讲的发明人、设计人是指对发明创造的实质性特点作出了创造性贡献的人，在发明创造过程中，只负责组织工作的人、为物质条件的利用提供方便的人以及从事其他辅助工作的人，不应被认为是发明人或者设计人。

二、依照本条的规定，被授予专利权的单位，不管其被授予专利权的发明创造有没有实施，有没有创造出经济效益，都应当给予发明人或者设计人奖励。在发明创造专利实施以后，被授予专利权的单位还应根据该发明创造推广应用的范围和取得的经济效益的大小，给予发明人或者设计人合理的报酬。这里所说的“经济效益”，既包括被授予专利权的单位自己实施专利所取得的经济效益，广义上也包括许可他人实施或者转让专利权所取得的经济效益。

第十七条　发明人或者设计人有权在专利文件中写明自己是发明人或者设计人。

专利权人有权在其专利产品或者该产品的包装上标明专利标识。

【释义】　本条是关于发明人、设计人的署名权，专利权人的专利标识权的规定。

一、发明人、设计人的署名权

1. 署名权是发明人或者设计人的一项重要的人身权利。通过行使署名权，可以让社会了解谁是该项发明创造的发明人、设计人，这体现了对发明人或者设计人智力劳动成果的肯定和尊重。同时，根据本法第六条第二款关于"非职务发明创造，申请专利的权利属于发明人或者设计人；申请被批准后，该发明人或者设计人为专利权人"的规定，对于非职务发明创造来说，发明人或者设计人的署名也是确定申请专利的权利和专利权归属的依据。对于职务发明创造，虽然申请专利的权利和专利权并不属于发明人或者设计人，但本法仍然赋予发明人或者设计人在专利文件中署名的权利，以表明其对该发明创造作出了实质性贡献。对发明人或者设计人智力劳动的成果予以肯定，可以激发发明人或者设计人进行发明创造的积极性，同时也是被授予专利权的单位在执行本法第十六条的规定时，确定给予奖励和给付报酬的对象的依据。

署名权是一种精神权利，属于人身权的一种，同其他权利相比，它具有以下特征：(1)专有性，也称排他性，是指署名权只能由发明人或者设计人享有，其他任何人都不能享有。(2)不可让与性，即署名权是与发明人或者设计人本身不可分离的，与专利申请权和专利权归属的变化无关，即使专利申请权和专利权转让了，受让人也不享有署名权。另一方面，署名权也是不能继承的。

2. 署名权是法律赋予发明人或者设计人的权利，发明人或者设计人可以行使,也可以不行使。不能以发明人或者设计人没有在专利文件中署名,而认为其不是发明创造的发明人或者设计人。

二、专利权人的专利标识权

专利权人的专利标识权,是指专利权人在自己的专利产品或者该产品的包装上标明专利标识的权利。专利标识是表明该产品是专利产品的标志,通常是标明"专利"或者"中国专利"以及专利号。专利号是指国务院专利行政部门授予专利权的序号。专利权人行使标识权,在自己的专利产品或者产品的包装上标明专利标识,一方面可以起到宣传的作用,表明自己的产品是获得专利权的产品,从而增加消费者对该产品的信赖,以增强该产品的竞争能力,扩大产品的销路;另一方面也可以起到警示的作用,表明该产品是专利产品,具有专利权,是受到专利法保护的,他人未经专利权人许可不得随意实施。

三、有些国家是把权利人在专利产品上标明专利标识作为一项义务来规定的,专利权人如果未在其专利产品上标示专利标识,他人实施该专利不作为侵犯专利权,权利人不能要求赔偿。这样规定,对便于公众认识专利产品,简化对专利侵权的认定和取证工作,确有一定作用。但是,这一规定有时很难操作,有些专利产品,如小的零件,散装的、粉状的产品,就很难在其上标明专利标识。因此,我国专利法把在产品或者包装上标明专利标识规定为专利权人的一项权利,专利权人可以行使,也可以不行使。专利权人未在其产品或者包装上标明专利标识，并不意味着权利人放弃专利保护，其他人未经专利权人许可实施该专利的，一样要承担侵权责任。侵权人不能以产品上没有专利标识，不知其为专利产品为理由，要求免除其侵权责任。

第十八条　在中国没有经常居所或者营业所的外国人、外国企业或者外国其他组织在中国申请专利的，依照其所属国同中国签订的协议或者共同参加的国际条约，或者依照互惠原则，根据本法办理。

【释义】　本条是关于在中国没有经常居所或者营业所的外国人、外国企业或者外国其他组织在中国申请专利应如何办理的规定。

允许外国人在本国申请和获得专利权，是巴黎公约、TRIPs 等国际公约规定的一项基本原则，各国专利法律一般都遵循这一原则。允许外国人在本国申请和获得专利，有利于实现国家之间在科学技术方面的交流，有利于引进外国的先进技术，促进本国经济的发展。但是各国对于如何允许外国人在本国申请和获得专利的做法不完全相同，有的国家是无条件的允许外国人在本国申请专利，如美国；有的国家则是按照互惠的原则来对待外国人在本国提出的专利申请，如法国发明专利法规定，在不损害实施巴黎公约各条款的情况下，凡住所或营业所位于法国领土外的一切外国人，均可享受本法权益，但条件是，法国人在上述外国人之所属国家内要享有对等的保护。

考虑到我国的国情并参照国际惯例，我国在对待外国人在我国申请专利的问题上，分两种情况处理：第一，在中国有经常居所或者营业所的外国人、外国企业或者外国其他组织在中国申请专利，享有与中国公民和企业、其他组织同等的权利；第二，对于在中国没有经常居所或者营业所的外国人、外国企业或者外国其他组织在中国申请专利的，分为三种情况进行处理：

1. 依照其所属国同中国签订的协议办理。这里讲的协议，主要是指我国同其他国家签订的双边协议。如果该协议规定，互相允许对方的自然人和企业、其他组织在本国申请专利，那么应按照此规定办理。

2. 依照其所属国同中国共同参加的国际条约办理。我国已参加了巴黎公约和《成立世界知识产权组织公约》。这两个公约都规定了各成员国应允许互相申请和获得专利，并实行国民待遇原则。因此，对上述两个公约的缔约国的公民、法人或者其他组织在我国申请专利，我国应给予其国民待遇。

3. 依照互惠原则办理。互惠原则又称对等原则，也就是说如果一国允许我国的公民或者企业、其他组织在该国申请和获得专利，那么，我国也允许该国公民或者企业、其他组织在我国申请和获得专利。反之亦然。

第十九条　在中国没有经常居所或者营业所的外国人、外国企业或者外国其他组织在中国申请专利和办理其他专利事务的，应当委托依法设立的专利代理机构办理。

中国单位或者个人在国内申请专利和办理其他专利事务的，可以委托依法设立的专利代理机构办理。

专利代理机构应当遵守法律、行政法规，按照被代理人的委托办理专利申请或者其他专利事务；对被代理人发明创造的内容，除专利申请已经公布或者公告的以外，负有保密责任。专利代理机构的具体管理办法由国务院规定。

【释义】 本条是关于专利代理，以及对专利代理机构基本执业准则的规定。

一、专利代理是指专利代理机构、专利代理人根据被代理人的委托，以被代理人的名义，在代理权限内办理专利申请或者其他专利事务的行为。专利制度的复杂性决定了专利代理产生和存在的必然性。从专利申请、审查到批准，手续复杂，格式严谨，专业性强，一般人难以完全掌握，可能会影响专利权的获得和保护，这就客观上要求有一批经过严格训练，精通技术、法律、经济的专门人才帮助专利申请人、专利权人处理专利事务。目前不少国家的专利法中都有关于专利代理的规定。我国专利法也在本条对专利代理问题作了规定。

二、本条第一款、第二款分别对在中国没有经常居所或者营业所的外国人、外国企业或者外国其他组织在中国申请专利和办理其他专利事务的委托代理，中国单位或者个人在国内申请专利和办理其他专利事务的委托代理问题作了规定。

1. 考虑到各国专利法规定的申请本国专利及办理其他专利事务的程序往往各有不同，外国的发明人或者设计人对我国专利法律的各项规定难以完全了解，对于在我国没有经常居所或者营业所的外国人、外国企业或者外国其他组织需要在我国申请专利或者办理其他专利事务的，由我国的专利代理机构代为办理，既可以为有关外国当事人提供方便，也便于我国专利管理机关及时、准确地处理这类专利事务，包括在我国专利管理机关与外国当事人之间进行有关文件、资料的交换、送达等。为此，本条第一款规定，在中国没有经常居所或者营业所的外国人、外国企业或者外国其他组织在中国申请专利和办理其他专利事务的，应当委托依法设立的专利代理机构办理。这次修改前的专利法规定，应当委托国务院专利行政部门指定的专利代理机构办理，即国务院专利行政部门指定若干家涉外代理机构从事这项业务。这次修改，对应当委托的专利代理机构的规定是“依法设立的专利代理机构”，即允许所有依法设立的专利代理机构承接外国单位或者个人向中国申请专利的有关业务。这样规定使在中国没有经常居所或者营业所的外国人、外国企业或者外国其他组织在中国申请专利和办理其他专利事务时，对代理人的选择范围更大了。

2. 考虑到国内的单位或者个人有条件熟悉我国专利法律的各项规定，有些单位或者个人有能力也愿意自己直接办理专利申请或者其他专利事务，而有些单位或者个人也可能没有能力或者不愿意自己直接办理，而愿意委托专利代理机构代为办理。这两种情况都应当允许。因此，本条第二款规定，中国单位或者个人在国内申请专利和办理其他专利事务，可以委托依法设立的专利代理机构办理，当然也可以不委托专利代理机构而由自己直接办理。

三、本条第三款规定了专利代理机构的基本执业准则。包括：

1. 遵守法律、行政法规。专利代理机构为委托人办理专利事务，必须遵守专利法及专利法实施细则等法律、行政法规的规定，不得有弄虚作假或其他违法行为。这是对专利代理机构执业最基本的要求。

2. 按照被代理人的委托办理专利申请或者其他专利事务。专利代理机构是接受委托人的委托，以委托人的名义代为办理专利事务的社会中介机构。专利代理机构和委托人之间的关系是一种委托代理的合同关系，应受合同法的调整。专利代理机构只能按照委托人的授权办理有关专利事务，其在委托权限内的代理行为的法律后果由委托人承担。专利代理机构不按委托人的委托办理专利事务的，属于无权代理或者越权代理，其行为的后果应由专利代理机构自行承担。

3. 专利代理机构在从事专利代理工作的过程中，会了解到委托人发明创造的内容，除专利申请已经公布或者公告的以外，专利代理机构对委托人发明创造的内容负有保密的义务。

此外，本条第三款还规定，专利代理机构的具体管理办法由国务院规定。国务院已颁布了《专利代理条例》，专利代理机构应当依照本法和国务院的有关规定执行。

第二十条　任何单位或者个人将在中国完成的发明或者

实用新型向外国申请专利的，应当事先报经国务院专利行政部门进行保密审查。保密审查的程序、期限等按照国务院的规定执行。

中国单位或者个人可以根据中华人民共和国参加的有关国际条约提出专利国际申请。申请人提出专利国际申请的，应当遵守前款规定。

国务院专利行政部门依照中华人民共和国参加的有关国际条约、本法和国务院有关规定处理专利国际申请。

对违反本条第一款规定向外国申请专利的发明或者实用新型，在中国申请专利的，不授予专利权。

【释义】 本条是关于任何单位或者个人将在中国完成的发明或者实用新型向外国申请专利的规定，以及国务院专利行政部门处理专利国际申请的法律适用的规定。

一、本条第一款规定的内容是：

1. 任何单位或者个人将在中国完成的发明或者实用新型向外国申请专利的，应当事先报经国务院专利行政部门进行保密审查。这一规定包括三层含义：首先，保密审查的范围限于向外国申请专利的发明和实用新型，不包括外观设计；且该发明和实用新型是在中国完成的，不论其是由申请人完成的，还是由他人完成后转让给申请人的。其次，申请保密审查的主体是准备将上述发明或者实用新型向外国申请专利的任何单位或者个人。最后，申请人应当在向外国申请专利前，将该发明或者实用新型报经国务院专利行政部门进行保密审查。这次修改前的专利法对保密审查的规定是：中国单位或者个人将其在国内完成的发明创造向外国申请专利的，应当先向国务院专利行政部门申请专利，委托其指定的专利代理机构办理，并遵守本法第四条（申请专利的发明创造涉及国家安全或者重大利益需要保密的，按照国家有关规定办理）的规定。这一规定存在以下不足：一是主体仅限于中国的单位或者个人，不包括外国的单位或者个人，范围过窄。二是将发明创造的范围限于中国的单位或者个人自己在国内完成并申请外国专利的情形，不涉及接受转让该发明创造的单位或者个人（包括外国企业、其他组织或者个人在内的其他单位或者个人）作为申请人向外国申请专利的情形。三是只规定应当事先向国务院专利行政部门申请专利，但未规定时间限制，使申请人在向中国申请专利后即可向外国申请专利，达不到通过要求先向中国申请专利而对其专利申请进行保密审查的目的。同时，这一规定要求必须向中国申请专利，对申请人选择在哪国申请专利的权利作了不必要的限制。为此，这次修改专利法对这条内容作了修改和完善。考虑到外观设计一般不涉及国家安全等保密问题，因此，本条未规定对外观设计专利申请的保密审查。

2. 保密审查的程序、期限等按照国务院的规定执行。为了方便申请人向外国申请专利，应当对保密审查的程序、期限等作出规定。考虑到实践中情况不同，比如有的申请人可能先向中国申请专利，经过保密审查后再向外国申请专利；有的申请人可能不向中国申请专利，直接向外国申请专利而专门提出保密审查，因而保密审查的程序等应当各有不同。为此，本条授权国务院对保密审查的程序、期限等作出规定。

二、本条第二款规定，中国单位或者个人可以根据我国参加的有关国际条约提出专利国际申请。在提出专利国际申请时，应当遵守本条第一款关于保密审查的规定。专利国际申请是1970年缔结的《专利合作条约》（简称PCT）所建立的一项制度，其宗旨在于简化专利申请人需要向多国申请专利时的手续。申请人根据该条约，可以在本国专利局用一种语言按照统一的格式，提出一个在各指定国都产生正规效力的国际申请，从而避免因需要分别在各国提出专利申请而造成的许多不便和大量的时间耗费。同时，在专利国际申请进入国内阶段后，各国专利审批机关可以收到国际申请文件的译本、国际检索报告和国际初步审查报告，这就大大减少了有关国家专利审批机关的检索和审查工作量，从而可以提高工作效率。对于没有技术或者经济力量进行检索或者审查的国家，可以依赖国际检索单位的检索结果进行审查，在客观上促进了各国专利机关之间的交流与合作。

三、本条第三款规定了国务院专利行政部门处理专利国际申请的法律适用。根据本款的规定，国务院专利行政部门处理专利国际申请的适用法律为：（1）中华人民共和国参加的国际条约。这里讲的我国参加的国际条约，是指我国于1994年加入的《专利合作条约》，中国专利局是《专利合作条约》的受理局、国际检索单位和国际初步审查单位，应申请人的申请，可能成为《专利合作条约》所称的指定局或者选定局。（2）本法，即我国的专利法。（3）国务院有关处理专利国际申请的具体规定。

四、本条第四款对违反第一款的行为规定了法律后果，即对未依法申请保密审查而向外国申请专利的发明和实用新型，其后又在中国申请专利的，不授予专利权。

第二十一条　国务院专利行政部门及其专利复审委员会应当按照客观、公正、准确、及时的要求，依法处理有关专利的申请和请求。

国务院专利行政部门应当完整、准确、及时发布专利信息，定期出版专利公报。

在专利申请公布或者公告前，国务院专利行政部门的工作人员及有关人员对其内容负有保密责任。

【释义】　本条是关于国务院专利行政部门及其专利复审委员会应当遵守的基本准则的规定，以及国务院专利行政部门的工作人员及有关人员保密义务的规定。

一、本条第一款对国务院专利行政部门及其专利复审委员会在处理专利申请或请求时应当遵守的基本准则作了规定，即“客观、公正、准确、及时”的法定准则。这一款规定是2000年修改专利法时增加的内容。当时有意见提出，专利行政部门对一些专利申请的审批时间过长，专利复审委员会对一些专利复审请求作出决定的时间过长，这不利于鼓励发明创造，不利于保护专利申请人和专利权人的利益，不利于及时处理专利权纠纷。建议在专利法中对专利申请的审批及对复审请求作出决定的时限作出具体规定。也有意见认为，目前对专利审批和复审中存在处理时间过长的问题,原因是多方面的。国务院专利行政部门对此也十分重视,正在采取多项措施加以解决,并已取得明显成效。但在专利法中规定具体的审查时限,则应慎重。目前各国尚无在法律中规定专利审查时限的先例。常委会对这两方面的意见进行研究后认为,在专利法中还难以对专利审批和专利复审的时限作出具体规定,但是应当要求国务院专利行政部门及其专利复审委员会在处理专利申请或复审请求时,在保证客观、公正、准确的前提下,做到“及时”,将其作为专利行政管理工作的法定职责,由专利行政部门及专利复审委员会在工作中具体落实。因此,形成了本条第一款的规定。国务院专利行政部门及专利复审委员会应当按照法律的这一规定,制定具体办法,努力改进工作,完善工作程序,增加审查力量,进一步提高审查人员素质,保证审查质量,尽可能缩短审查时间。

二、本条第二款内容是这次修改专利法时增加的内容。要求国务院专利行政部门应当完整、准确、及时发布专利信息,定期出版专利公报,以使社会公众及时了解相关专利信息。

三、在专利申请依法公布前,专利申请的内容属于申请人的技术秘密,负责处理专利申请的国务院专利行政部门的工作人员及其他有可能在专利申请公布前了解专利申请内容的人员,都应在专利申请公布前,对专利申请的内容承担保密义务,不得泄露。否则,势必给专利申请人造成损失,使专利申请人认为没有安全感而不愿意申请专利,同时也会损害国家机关的形象。为此，本条第三款对国务院专利行政部门的工作人员及其他有关人员对专利申请的保密义务作了明确规定，有关人员必须严格遵守。

第二章　授予专利权的条件

第二十二条　授予专利权的发明和实用新型，应当具备新颖性、创造性和实用性。

新颖性，是指该发明或者实用新型不属于现有技术；也没有任何单位或者个人就同样的发明或者实用新型在申请日以前向国务院专利行政部门提出过申请，并记载在申请日以后公布的专利申请文件或者公告的专利文件中。

创造性，是指与现有技术相比，该发明具有突出的实质性特点和显著的进步，该实用新型具有实质性特点和进步。

实用性，是指该发明或者实用新型能够制造或者使用，并且能够产生积极效果。

本法所称现有技术，是指申请日以前在国内外为公众所知的技术。

【释义】　本条是对授予专利权的发明和实用新型应当具备的实质要件的规定。

一、按照本条规定，授予专利权的发明和实用新型必须具备新颖性、创造性和实用性，即通常所说的专利“三性”要件。这是各国专利法普遍采用的准则，也是TRIPs所确认的准则。

二、本条第二款对“新颖性”的含义作了规定，即指该发明或者实用新型不属于现有技术;也没有任何单位或者个人就同样的发明或者实用新型在申请日以前向国务院专利行政部门提出过申请,并记载在申请日以后公布的专利申请文件或者公告的专利文件中。

1. 判断是否具有新颖性,以申请专利的发明或实用新型是否属于现有技术为准。所谓现有技术,是指申请日以前在国内外为公众所知的技术。具言之,申请专利的发明或者实用新型在申请日以前不得通过以下任何一种方式在国内或者国外为公众所知:(1)出版物公开,即在申请日以前的正式出版物上已经记载了同样发明创造的情况。出版物包括各种专利文献、杂志、书籍、学术论文、教科书、技术手册等等,还包括采用电、光、照相等方法制成的各种缩微胶片、影片、照相底片、磁带、唱片、光盘等。出版物不受地理位置、语言或者获得方式的限制,也不受年代的限制。对于一些标有"内部刊物"等字样的出版物,如果是在特定范围内要求保密的,则不属于公开出版物。(2)使用公开,即由于该项技术的应用而向公众公开了该项技术的内容,如新产品的制造、销售、使用和公开展示、表演等。(3)以其他方式为公众所知。例如口头公开,通过报告、讨论会发言、广播或者电视的播放等方式使公众得知技术内容。处于保密状态的技术内容由于公众不能得知,因此不属于现有技术。

需要说明的是,在专利新颖性的判断标准上,本次修正前的专利法采用的是"相对新颖性标准",即申请专利的发明或实用新型在申请日以前没有同样的发明或者实用新型在国内外正式出版物上公开发表过、在国内公开使用过或者以其他方式为公众所知。这样规定允许虽未公开出版但已经在国外公开使用或者以其他方式为公众所知的发明或者实用新型在中国申请专利。在当时对国外技术缺乏足够了解的背景下，有利于鼓励引进国外的先进技术；同时，当时专利审查部门对国外使用公开和其他形式的公开也缺乏检索条件，将其纳入新颖性判断标准不具有可操作性，因此是合理的。随着对外交流的发展，尤其是互联网技术的发展，我们已经有能力及时了解国外技术的使用公开和其他形式的公开，“相对新颖性”判断标准的弊端开始凸显：一是将国外已经公知的技术和设计授予专利权，不利于鼓励真正的创新；二是国外已经公知的技术和设计应当进入公共领域，任何单位和个人有权自由应用，授予个别单位或者个人专利权有损于公众的利益。因此，这次修改专利法将授予专利权的标准修改为“绝对新颖性”标准，即授予专利权的发明或者实用新型在申请日以前不得在国内或者国外以任何形式为公众所知。

2. 判断是否具有新颖性的时间界限，以提出专利申请的申请日为基准。这也是世界上绝大多数国家专利法规定的标准。按照本法有关规定，国务院专利行政部门收到专利申请文件之日为申请日。如果申请文件是邮寄的，以寄出的邮戳日为申请日。享有优先权的，则指优先权日。申请专利的发明和实用新型，只要是在申请日之前的现有技术中没有的，即具有新颖性。

3. 同样的发明或者实用新型在此前是否已有任何单位或

者个人提出过申请并记载在专利文件中,即习惯上所称的“抵触申请”。由于一项发明创造只能授予一项专利权,因此,如果申请日以前已经有单位或者个人以相同的发明或者实用新型向国务院专利行政部门提出过申请,并且记载在申请日之后公布的专利申请文件或者公告的专利文件中,为避免对同样的发明或者实用新型专利申请重复授权,先申请的发明或者实用新型应当视为后申请的发明或者实用新型的现有技术,后一申请因此不具备新颖性。

需要说明的是,按照本次修正前的专利法的规定,抵触申请的判断标准是:只有“他人”就同样的发明或者实用新型在申请日以前向国务院专利行政部门提出过申请,并记载在申请日以后公布的专利申请文件或者公告的专利文件中,才是抵触申请;本人就同样的发明或者实用新型在申请日以前提出过专利申请的,该发明或者实用新型不丧失新颖性。这样规定,可能存在一个问题:如果申请人先申请实用新型专利,可以获得十年的保护期;在保护期终止前,该申请人就同样的专利技术申请发明专利的,可以再获得二十年的保护期,这将导致一项专利技术的保护期限超过二十年,与本法的立法本意不符。为了解决上述问题,这次修改专利法将“他人”修改为“任何单位或者个人”,即申请人本人在申请日以前向国务院专利行政部门提出过发明或者实用新型专利申请的,该发明或者实用新型也丧失新颖性。这样,除了本法第九条规定外,一项专利技术只能授予一项专利权,自然不存在专利期限延长的问题。根据本法第九条的规定,同一申请人在“同日”

的条件下可以对同样的发明创造既申请实用新型专利又申请发明专利，先获得的实用新型专利权尚未终止，且申请人声明放弃该实用新型专利权的，可以授予发明专利权。两项专利权虽然前后衔接，但这两项申请的申请日相同，即专利权保护期的起算时间相同，该项专利技术的最长保护期间就是发明专利权的最长保护期间，即二十年，不会发生专利权保护期不当延长的问题。

三、本条第三款对“创造性”的含义作了规定，即指与现有技术相比，该发明具有突出的实质性特点和显著的进步，该实用新型具有实质性特点和进步。

1. 判断一项申请专利的发明是否符合创造性的标准，是该项发明是否具有“突出的实质性特点”和“显著的进步”。所谓“突出的实质性特点”，是指发明与现有技术相比具有明显的本质区别，对于发明所属技术领域的普通技术人员来说是非显而易见的，他不能直接从现有技术中得出构成该发明全部必要的技术特征，也不能通过逻辑分析、推理或者试验而得到。如果通过以上方式就能得到该发明，则该发明就不具备突出的实质性特点。所谓“显著的进步”，是指从发明的技术效果上看，与现有技术相比具有长足的进步。具体包括：(1)发明解决了人们一直渴望解决，但始终未能获得成功的技术难题；(2)发明克服了技术偏见；(3)发明取得了意料不到的技术效果；(4)发明在商业上获得成功。

2. 判断一项申请专利的实用新型是否符合创造性的标准，相对于发明专利来讲，要求要低一些，只要该实用新型有实质性特点和进步即可，不要求“突出”和“显著”。

四、本条第四款对“实用性”的含义作了规定，即指该发明或者实用新型能够制造或者使用，并且能够产生积极效果。包括以下几层意思：

1. 能够制造或者使用。作为发明或者实用新型的技术方案，应当是可以实施的，即如果该发明的目的是制造一种产品，那么这一产品就必须能够按照发明的技术方案制造出来；如果发明是一种工艺方法，则这种工艺方法应当可以在工业生产中使用。

2. 能够产生积极的效果。发明或者实用新型同现有技术相比，其所产生的经济、技术和社会的效果应当是积极的和有益的。明显无益、脱离社会需要、严重污染环境、严重浪费能源资源、损害人身健康的发明或者实用新型不具备实用性。

3. 必须具有再现性。发明或者实用新型作为一种技术方案应当可以重复实现。即所属技术领域的技术人员，根据公开的技术内容，能够重复实施专利申请中为达到其目的所采用的技术方案。如果是一种产品，应当可以重复制造出来；如果是一种方法，则应当可以反复使用。

第二十三条　授予专利权的外观设计，应当不属于现有设计；也没有任何单位或者个人就同样的外观设计在申请日以前向国务院专利行政部门提出过申请，并记载在申请日以后公告的专利文件中。

授予专利权的外观设计与现有设计或者现有设计特征的

组合相比，应当具有明显区别。

授予专利权的外观设计不得与他人在申请日以前已经取得的合法权利相冲突。

本法所称现有设计，是指申请日以前在国内外为公众所知的设计。

【释义】 本条是关于授予专利权的外观设计应当具备的条件的规定。

一、授予专利权的外观设计应当具有新颖性，即应当不属于现有设计；也没有任何单位或者个人就同样的外观设计在申请日以前向国务院专利行政部门提出过申请，并记载在申请日以后公告的专利文件中。因而，在新颖性方面，与发明和实用新型的标准是一样的。

1. 判断是否具有新颖性，以申请专利的外观设计是否属于现有设计为准。所谓现有设计，是指申请日以前在国内外为公众所知的设计。具言之，该外观设计在申请日以前不得通过以下任何一种方式在国内或者国外为公众所知：（1）出版物公开，即在申请日以前的正式出版物上已经记载了同样外观设计的情况。（2）使用公开，即由于该外观设计的应用而为公众所知，如公开销售的产品本身的外观设计或者其包装物的外观设计等。（3）以其他方式为公众所知，如口头公开，通过报告、讨论会发言、广播或者电视的播放等方式使公众得知设计内容。

2. 判断是否具有新颖性的时间界限，以提出专利申请的申请日为基准。按照本法有关规定，国务院专利行政部门收到专利申请文件之日为申请日。如果申请文件是邮寄的,以寄出的邮戳日为申请日。享有优先权的,则指优先权日。申请专利的外观设计,只要是在申请日之前的现有设计中没有的,即具有新颖性。

3.同样的外观设计是否已由任何单位或者个人提出过申请并记载在专利文件中,即是否存在“抵触申请”。为避免对同样的外观设计专利申请重复授权,先申请的外观设计应当视为后申请的外观设计的现有设计,后一申请因此不具备新颖性。

二、外观设计应当具有创造性,即授予专利权的外观设计与现有设计或者现有设计特征的组合相比,应当具有明显区别。

1.外观设计是否具有创造性的对比对象包括:(1)现有设计。即授予专利权的外观设计作为整体和现有设计进行对比,应当具有明显区别。(2)现有设计特征的组合。根据TRIPs的规定,成员国可以采用拼图式测试法来评价外观设计的创造性,即将整体产品的外观设计区分为若干设计特征,并将其与现有设计的特征进行对比,二者应当具有明显区别。强调授予专利权的外观设计与现有设计特征的组合相比应当具有明显区别,主要为了解决实践中拼凑外观设计的问题。拼凑专利主要有两种表现形式:一是将惯常设计与知名产品的设计特征结合而成的设计,如国内某厂家申请汽车外形专利,其车前部分模仿奔驰车型;另一种是将已有设计简单组合而成的设计,如在飞利浦的电熨斗造型的基础上增加一个充电插座,申请外观设计专利。

2. 外观设计是否具有创造性的判断标准,是与现有设计或者现有设计特征的组合相比具有明显区别。所谓“明显区别”,是指不相同或者不相近似,不会引起社会公众的误认。满足下列条件之一的,属于具有明显区别:(1)产品的用途和功能与现有设计不相同或者不相近似。相同的设计,用在不同的产品时,不应认为是相同的外观设计。(2)产品设计的形状、图案或者其结合以及色彩与形状、图案的结合与现有设计相比,不相同或者不相近似。

三、授予专利权的外观设计不得与他人在申请日以前已经取得的合法权利相冲突。他人在申请日以前已经取得的合法权利主要是指:商标权、著作权(主要是指美术作品)、肖像权等。由于外观设计是指对产品的形状、图案或者其结合以及色彩与形状、图案的结合所作出的富有美感并适于工业应用的新设计,所以,外观设计容易与商标权、著作权等权利相冲突,因而,法律规定不得与这些权利相冲突。即如果有他人在先已经取得了上述合法权利,外观设计专利申请人便不得以这些商标、美术作品等作为产品的外观设计取得专利权。

第二十四条　申请专利的发明创造在申请日以前六个月内,有下列情形之一的,不丧失新颖性:

(一)在中国政府主办或者承认的国际展览会上首次展出的;

(二)在规定的学术会议或者技术会议上首次发表的;

（三）他人未经申请人同意而泄露其内容的。

【释义】 本条是关于发明创造的公开不丧失新颖性的例外情形的规定。

一、按照本法第二十二条关于发明和实用新型新颖性的规定、第二十三条关于外观设计新颖性的规定，申请专利的发明创造如在申请日以前在国内外为公众所知，便构成现有技术或者现有设计，失去新颖性，不能获得专利权，这是一条基本的原则。但这一基本原则并非绝对，许多国家专利法都规定，在申请日前的一定期限内，发明创造在某些特定情况下的公开，可以不丧失新颖性，即所谓不丧失新颖性的公开。本条即我国专利法对不丧失新颖性的公开的规定。

二、不丧失新颖性的公开的时间界限，本条规定为在申请日以前六个月内。这一期限又被称作宽限期，即在申请日以前六个月内，发生本条规定的情形，该申请不丧失新颖性。如果超过这个期限再提出专利申请，就不再具有新颖性，不应授予其专利权。

三、不丧失新颖性的情形，本条规定为三种：

1. 在中国政府主办或者承认的国际展览会上首次展出的。包括两层含义：一、必须是国际展览会，即展出的展品除了有举办国的产品以外，还应当有来自外国的展品。二、必须是中国政府主办或者承认的国际展览会。中国政府主办的国际展览会，包括国务院或者国务院各部门主办或者国务院批准由其他机关或者地方政府举办的国际展览会。中国政府承认的国际展览会，即虽不是由中国政府举办，但经中国政府认可的在国内外举办的展览会。在不是中国政府主办，也没有被中国政府承认的国际展览会上展出的发明创造，就不再具有新颖性。

2. 在规定的学术会议或者技术会议上首次发表的。所谓"学术会议或者技术会议"必须是"规定的"，即限定于一定的规模和规格：必须是国务院有关主管部门或者全国性学术团体组织召开的学术会议或者技术会议；不包括省以下或者受国务院各部委或者全国性学会委托组织召开的学术会议或者技术会议。在符合以上规定的学术会议或者技术会议上第一次发表的发明创造，不丧失新颖性。

3. 他人未经申请人同意而泄露其内容的。即他人违反申请人本意的公开。具体方式可以包括：(1)他人未遵守明示的或者默示的保密义务而将申请人的发明创造的内容公开；(2)他人用威胁、欺诈、偷盗、间谍活动等不正当手段从发明人或者经发明人告诉而得知发明创造内容的任何其他人那里得知发明创造的内容而后公开。这两种情况的公开都是违反申请人本意的，是非法的公开。

第二十五条　对下列各项，不授予专利权：

(一)科学发现；

(二)智力活动的规则和方法；

(三)疾病的诊断和治疗方法；

(四)动物和植物品种；

(五)用原子核变换方法获得的物质；

（六）对平面印刷品的图案、色彩或者二者的结合作出的主要起标识作用的设计。

对前款第（四）项所列产品的生产方法，可以依照本法规定授予专利权。

【释义】 本条是关于不授予专利权的智力活动成果的规定。

一、建立专利制度的目的，是为了保护法定范围内的智力活动成果。具备新颖性、创造性和实用性，并符合专利法规定的其他条件的发明创造，属于专利保护的智力成果，可以依法取得专利权。同时，按照本条规定，下列几类智力活动的成果，不属于专利保护的范围，不授予专利权：

1. 科学发现。是指对自然界中已经客观存在的未知物质、现象、变化过程及其特性和规律的发现和认识。这些发现和认识本身并不是一种技术方案，不是专利法意义上所说的发明创造，不能直接实施用以解决一定领域内的特定技术问题，因而不能被授予专利权。

2. 智力活动的规则和方法。是指人的思维运动，是人的大脑进行精神和智能活动的手段或过程，是一种抽象的东西。它的作用仅是指导人们对其表达的信息进行思维、判断和记忆，不需要采用技术手段或者遵守自然法则，不具备技术特征，因而不能被授予专利权。比如，交通行车规则、字典的编排方法、情报检索的方法、速算法或口诀、各种游戏和娱乐的规则和方法、比赛规则等都不能获得专利。

3. 疾病的诊断和治疗方法。所谓“疾病的诊断方法”，是指为识别、研究和确定有生命的人体或动物病因或病灶状态的全过程;例如西医的超声、核磁共振,中医的望闻问切等诊断方法。所谓“疾病的治疗方法”,是指为使有生命的人体或动物恢复或获得健康,进行阻断、缓解或消除病因或病灶的过程;例如针灸、按摩麻醉、外科手术方法等治疗方法。疾病的诊断和治疗方法不宜授以专利权出于以下考虑:(1)这类方法以有生命的人体或者动物作为直接实施对象,目的是治疗疾病,由于涉及人体健康,因而不能为少数人所独占;(2)这类治疗或诊断方法无法在产业上制造或使用,不具备实用性,因而不能获得专利权。TRIPs 对此也作了规定,即成员可以将诊治人类或动物的诊断方法、治疗方法及外科手术方法排除于可获专利之外。

4. 动物和植物品种。是指以生物学方法培养出来的动植物新品种。动物和植物是有生命的物体,是自然生成的,不是人们创造出来的,不能以工业方法生产,因而不具备专利法意义上的创造性和实用性,故不能授予专利权。但是,对于动物和植物品种,可以通过专利法以外的其他法律保护。对此,TRIPs 规定,成员应以专利制度或有效的专门制度,或以任何组合制度,给植物新品种以保护。世界上许多国家也都制定了相应的法规。我国已于 1997 年由国务院颁布了《中华人民共和国植物新品种保护条例》,对植物新品种的定义及品种权的内容和归属等问题作了规定,对符合该条例的植物新品种予以保护。

5. 用原子核变换方法获得的物质。主要是指利用加速器、反应堆以及其他核反应装置，通过核裂变、核聚变等方法获得的元素或化合物。由于用原子核变换方法获得的物质关系到国家的经济、国防、科研和公共生活的重大利益，关系国家安全，不宜公开，各国大多对此类物质不授予专利权。

6. 对平面印刷品的图案、色彩或者二者的结合作出的主要起标识作用的设计。对平面印刷品的图案、色彩或者二者的结合作出的主要起标识作用的外观设计，如瓶贴等，其功能在于将特定产品从同类产品中区分出来，对产品本身的外观设计并无改进，授予其专利权，不利于我国外观设计整体水平的提高。同时，此类外观设计的标识功能与商标权、著作权的区分功能发生重叠，容易导致法律适用上的混乱，以不授予专利权为妥。

二、对于动物和植物品种的生产方法，可以依照本法规定授予专利权。这里所讲的“生产方法”，是指非生物学的方法，不包括生产动物和植物主要是生物学的方法。这类方法由于有技术成分的介入，并对最终达到的目的或效果起了主要的控制作用或者决定性的作用，因而可以被授予专利权。

本法未对微生物品种及其生产方法作出限制。因此，对于微生物品种和微生物品种的生产方法，可以授予专利权。

第三章　专利的申请

第二十六条　申请发明或者实用新型专利的，应当提交请求书、说明书及其摘要和权利要求书等文件。

请求书应当写明发明或者实用新型的名称，发明人的姓名，申请人姓名或者名称、地址，以及其他事项。

说明书应当对发明或者实用新型作出清楚、完整的说明，以所属技术领域的技术人员能够实现为准；必要的时候，应当有附图。摘要应当简要说明发明或者实用新型的技术要点。

权利要求书应当以说明书为依据，清楚、简要地限定要求专利保护的范围。

依赖遗传资源完成的发明创造，申请人应当在专利申请文件中说明该遗传资源的直接来源和原始来源；申请人无法说明原始来源的，应当陈述理由。

【释义】　本条是对申请发明或者实用新型专利应当提交的基本文件及其内容要求的基本规定。

一、按照本条第一款的规定，申请发明或者实用新型专利的，应当提交规定的专利申请文件。提交专利申请文件的目的在于启动受理专利的法律程序，记载和描述并向社会公开发明创造的内容，明确申请人对该发明创造请求保护的范围，也是审查决定是否授予专利权的基础。作为发明创造的申请人依法必须提交的专利申请文件包括请求书、说明书及其摘要和权利要求书等,以及按照国务院专利行政部门规定应当提交的其他有关文件,如委托专利代理机构办理专利申请的,应当提交委托书;要求享受优先权的,应当提交优先权的有关证明文件;要求申请费用减缓的,应当提交费用减缓请求书等。

二、请求书。请求书是申请人就发明创造提出的书面专利请求。请求书一般应当写明以下内容:

1. 发明或者实用新型的名称。发明的名称应当简短、准确地表明发明的技术主题。发明名称中不应含有非技术词语,如人名、公司名称、商标、代号、型号等,也不应有含混不清的词语,如“及其他”“及其类似装置”等,也不能使用笼统的词语,如仅用“方法”“化合物”等词作为发明的名称。

2. 发明人的姓名。发明人应当是对发明创造的实质性特点作出创造性贡献的人。发明人应当是个人,不应当是单位或者集体。发明人的姓名应当用真名。

3. 申请人的姓名或者名称、地址。申请人可以是个人,也可以是单位。按照本法第六条的规定,执行本单位的任务或者主要是利用本单位的物质技术条件所完成的发明创造为职务发明创造。职务发明创造申请专利的权利属于该单位。即职务发明创造的申请人是单位。申请人是单位时,应当使用正式全称,不得使用缩写或者简称。申请文件中指明的名称应当与使用的公章上的名称相一致。非职务发明创造,申请专利的权利属于发明人或者设计人。申请人是个人时，应当使用本人的真实姓名，不得使用笔名或者假名。请求书中的地址，应当符合邮件能够迅速、准确地投递的要求。

4. 如果委托专利代理机构办理的，应当填写专利代理机构的全称。专利代理人应当使用真实姓名，同时填写专利代理人在专利局登记的编码。

5. 其他事项。请求书中的其他事项一般包括：(1)申请人的国籍；(2)申请人是企业或者其他组织的，其总部所在的国家；(3)申请人委托专利代理机构的，应当注明的有关事项；(4)要求优先权的，应当注明的有关事项；(5)申请人或者专利代理机构的签字或者盖章；(6)申请文件清单；(7)附加文件清单；(8)其他需要注明的有关事项。申请人有两个以上而未委托专利代理机构的，应当指定一人为代表人。

三、说明书。说明书是申请人对申请专利的发明或者实用新型所作的书面说明，是专利申请的最基本的文件，是一项发明创造申请专利的基础。因而，对于说明书的撰写有严格的要求，主要包括以下几方面的要求：

1. 对发明或者实用新型作出清楚、完整的说明。这里讲的"清楚"，是指主题明确，用词准确。主题明确，即说明书应当写明发明或者实用新型的目的，为达到该目的所采用的技术方案以及该技术方案所能达到的技术效果。用词准确，就要求说明书应当使用技术用语，准确表达主题，用词不能含糊不清，所使用的法定计量单位应当符合规范。这里讲的"完整"，是指说明书不得缺少理解、再现发明或者实用新型所必不可少的内容,如技术领域、背景技术、发明内容、附图说明、实施方式等,具体参照国务院专利行政部门的有关规定。

2. 以所属技术领域的技术人员能够实现为准。这里讲的"所属技术领域",指的是发明或者实用新型直接所属或者直接应用的具体技术领域,而不是上位的或者相邻的技术领域。这里讲的"实现",是指所属技术领域的技术人员按照说明书记载的内容,不需要创造性的劳动,就能够再现该发明或者实用新型的技术方案,并能够达到预期的效果。

3. 必要的时候,应当有附图。附图是说明书的组成部分。实用新型专利申请说明书必须有附图。附图可以有助于直观地理解发明或者实用新型的每个技术特征和整体技术方案。用文字足以清楚描述发明技术方案的,可以没有附图。发明或者实用新型说明书文字部分中未提及的附图标记不得在附图中出现,附图中未出现的附图标记不得在说明书文字部分中提及。申请文件中表示同一组成部分的附图标记应当一致。附图中除必需的词语外,不应当含有其他注释。

4. 摘要应当简要说明发明或者实用新型的技术要点。说明书摘要是发明或者实用新型说明书的内容提要,它的作用仅仅是供来检索发明或实用新型的内容,不具有任何法律效力,不属于原始公开的内容,不能作为以后修改说明书和权利要求书的根据,也不能用来解释专利权的保护范围。发明或者实用新型的技术要点,主要包括发明或者实用新型的技术领域、需要解决的技术问题、主要技术特征和用途。摘要还应当附上一幅最能说明发明或者实用新型的附图。摘要应当简要。

四、权利要求书。即申请人要求专利保护的范围。按照本条的规定，权利要求书应当以说明书为依据，清楚、简要地限定要求专利保护的范围。

1. 以说明书为依据。指的是权利的要求应当得到说明书的支持，即权利要求从形式到内容都应与说明书所反映的内容相一致，权利要求书中的用语在说明书中应有所反映，权利要求书中记载的技术特征在说明书中有记载，且实质内容应当一致，不能超出说明书的范围。

2. 清楚、简要地限定要求专利保护的范围。由于权利要求书是专利申请文件的核心，是判断新颖性、创造性和实用性的基础，在被授予专利权之后，是判断专利侵权的依据，也是提出专利权无效宣告的依据。因而，认真撰写权利要求书中的专利保护范围，对于申请人来讲，就显得尤为重要，也就要求申请人将发明或者实用新型的全部技术特征清楚、简要地记载在权利要求书中。“清楚”与说明书的要求相同，即主题明确，用词准确；“简要”即要求突出重点，简单明了。

五、依赖遗传资源完成的发明创造，申请人应当在专利申请文件中说明该遗传资源的直接来源和原始来源；申请人无法说明原始来源的，应当陈述理由。

为了有效地保护遗传资源，这次修改专利法，在总则第五条对依赖于违法获取或者利用遗产资源完成的发明创造不授予专利权作出了规定。本条相应地对这类发明创造的专利申请人的说明义务作出了规定，即申请人应当在专利申请文件中说明该遗传资源的直接来源和原始来源;申请人无法说明原始来源的,应当陈述理由。第一,“遗传资源的直接来源”,即直接提供该遗传资源的国家、地区及提供者。对于遗传资源的直接来源,申请人必须说明。如果不公开直接来源,该专利申请将被驳回。第二,“遗传资源的原始来源”,是指遗传资源的原产地,即该遗传资源的所属国。对于遗传资源的原始来源,申请人应当说明;如果因为特殊原因不能说明原始来源的,应当说明理由,例如直接提供者不告知原始来源等。

第二十七条　申请外观设计专利的,应当提交请求书、该外观设计的图片或者照片以及对该外观设计的简要说明等文件。

申请人提交的有关图片或者照片应当清楚地显示要求专利保护的产品的外观设计。

【释义】　本条是对申请外观设计专利应当提交的专利申请文件的要求的规定。

一、申请外观设计专利的,应当提交请求书。请求书的内容、格式原则上与发明和实用新型专利请求书类似,应当包括发明或者实用新型的名称,发明人的姓名,申请人的姓名或者名称、地址,专利代理机构的名称以及其他事项。

二、申请外观设计专利的,应当提交该外观设计的图片或者照片,该图片或者照片应当清楚地显示要求专利保护的产品的外观设计。

1．申请外观设计专利的,应当提交该外观设计的图片或者照片。外观设计,是指对产品的形状、图案或者其结合以及色彩与形状、图案的结合所作出的富有美感并适于工业应用的新设计。不论是形状、图案、色彩,还是其结合,以及该外观设计是否具有美感,都可以通过图片或者照片直观地反映出来,因此,图片或者照片是判定是否存在现有设计、能否授予外观设计专利权的最主要依据。此外,本法第五十九条规定:"外观设计专利权的保护范围以表示在图片或者照片中的该产品的外观设计为准,简要说明可以用于解释图片或者照片所表示的该产品的外观设计。"如果发生外观设计专利侵权纠纷,申请人在申请外观设计专利时提供的图片或者照片就是维护其专利权有效性最有力的武器。可见,图片或者照片对外观设计专利权的授予和保护具有至关重要的意义,申请人应当主动提供。

2. 申请人提供的图片或者照片应当清楚地显示要求专利保护的产品的外观设计。这里讲的"清楚",是指图片或者照片应当清晰、准确,能够全面反映外观设计的特征。按照国务院专利行政部门的有关规定,如果是申请立体外观设计专利,应当提交正投影视图和立体图;申请平面外观设计,当要点涉及两个面时,应当提交两面视图。各视图的名称应当标注在相应视图下面。如果同时请求保护色彩的外观设计专利申请,应当提交彩色和黑白的图片或者照片各一份。

三、申请外观设计专利的,应当提交对该外观设计的简要说明等文件。简要说明应当写明使用该外观设计的产品的主要创作部位,请求保护的色彩,省略视图等情况。简要说明不得使用商业性宣传用语，也不能用来说明产品的性能和用途。

四、申请外观设计专利的，还应当提交国务院专利行政部门规定的或者要求提供的其他文件。

第二十八条　国务院专利行政部门收到专利申请文件之日为申请日。如果申请文件是邮寄的，以寄出的邮戳日为申请日。

【释义】　本条是关于专利申请日的规定。

一、申请日，即向国务院专利行政部门提出专利申请的日期，是指专利局收到符合法律规定的专利申请文件的日期。申请日的确定对于专利申请人具有重要意义，表现在：(1)申请日是判断一项发明创造新颖性的时间界限。所谓新颖性，是指该项技术必须是在申请日以前不为国内外公众所知的技术；一项外观设计是指该设计必须是不属于申请日以前在国内外为公众所知的设计。(2)判断发明和实用新型的创造性的时间界限。即同申请日以前已有的技术相比，该发明有突出的实质性特点和显著的进步，该实用新型有实质性特点和进步。(3)判断一项外观设计与现有设计或者现有设计特征的组合相比，是否具有明显区别的时间界限。(4)确定专利申请的先后。即按照本法第九条的规定，两个以上的申请人分别就同样的发明创造申请专利的，专利权授予最先申请的人。(5)确定优先权存在的期限。按照本法第二十九条的规定，申请人自发明或者实用新型在外国第一次提出专利申请之日起十二个月内，或者自外观设计在外国第一次提出专利申请之日起六个月内,又在中国就相同主题提出专利申请的,可以享有优先权。申请人自发明或者实用新型在中国第一次提出专利申请之日起十二个月内,又向国务院专利行政部门就相同主题提出专利申请的,可以享有优先权。(6)确定发明专利申请公布的时间。按照本法第三十四条的规定,国务院专利行政部门收到发明专利申请后,经初步审查认为符合本法要求的,自申请日起满十八个月,即行公布。(7)确定专利权的期限。按照本法第四十二条的规定,发明专利权的期限为二十年,实用新型专利权和外观设计专利权的期限为十年,均自申请日起计算。

二、依照本条规定,国务院专利行政部门收到专利申请文件之日为申请日。国务院专利行政部门收到专利申请文件,应当指收到符合法律规定要求的文件,如果收到的法定申请文件不齐的,不能确定为申请日。

三、如果申请文件是邮寄的,以寄出的邮戳日为申请日。寄出的邮戳日,是指申请人发出申请文件当地的邮戳日。

第二十九条　申请人自发明或者实用新型在外国第一次提出专利申请之日起十二个月内,或者自外观设计在外国第一次提出专利申请之日起六个月内,又在中国就相同主题提出专利申请的,依照该外国同中国签订的协议或者共同参加的国际条约,或者依照相互承认优先权的原则,可以享有优先权。

申请人自发明或者实用新型在中国第一次提出专利申请

之日起十二个月内,又向国务院专利行政部门就相同主题提出专利申请的,可以享有优先权。

【释义】 本条是对取得优先权的条件的规定。

一、优先权是巴黎公约确立的基本原则。本法所称优先权,包括外国优先权和本国优先权两种。外国优先权是指申请人在甲国提出正式的专利申请后,根据甲国同乙国签订的协议或者共同参加的国际条约,或者依照相互承认优先权的原则,在特定的期限内又就同一发明向乙国提出专利申请的申请时,有权将在甲国第一次提出申请的日期作为后来在乙国提出申请的申请日。本国优先权,是指申请人在一国提出正式的专利申请后,在特定的期限内又就相同主题在该国提出专利申请的,申请人有权将第一次提出申请的日期作为后一次申请的申请日。优先权的作用主要在于:一是由于专利权的授予实行申请在先的原则,即当有两个以上的申请人分别就同样的发明创造申请专利时,专利权授予最先申请的人,因此,在某一申请人享有优先权的期间内,有其他人提出同样的专利申请的,享有优先权的专利申请处于优先的地位。二是判断发明创造是否符合新颖性、创造性的要求,是以申请日为界限的。由于优先权人后来提出的申请可以以其第一次提出申请的日期为优先权日,因此,在这一期限内涉及其发明创造的任何公开,都不影响该发明创造的新颖性、创造性。

二、本条第一款是对外国优先权的规定。外国优先权的设立,是基于建立超国家的世界范围内专利制度的一种尝试,即同一发明创造可以在实行专利制度的所有国家取得排他性的独占权。有了这一制度以后,使得希望在多个国家寻求专利保护的申请人提供了很大的方便和实际利益,申请人不必在国内和国外同时花时间克服语言障碍经办复杂的手续逐个提出所有的申请,他可以在六个月、十二个月优先权期限内放心地充分考虑有必要在哪些国家寻求保护,又不致因在此期间该发明创造被公开或因其他人提出同样的申请而丧失取得专利权的可能。本条关于外国优先权的规定包括以下内容:

1. 优先权只在法律规定的期限内享有。按照本条的规定,发明和实用新型专利申请人享有优先权的期限为在外国第一次提出专利申请之日起十二个月内。外观设计专利申请人享有优先权的期限为在外国第一次提出专利申请之日起六个月内。本法的规定与巴黎公约的规定是一致的。申请人提出的专利申请必须是在外国,并且是第一次,即在申请前没有要求过外国或者本国优先权;对于第一次申请,国务院专利行政部门尚未发出授予专利权的通知。该第一次申请必须是经外国专利机关受理并给予了申请日的正式申请。第一次提出专利申请的日期也称为优先权日。

2. 在中国提出专利申请的发明创造的主题,必须与在外国第一次提出申请的发明创造的主题相同,即两次专利申请中的发明、实用新型或者外观设计的名称相同,技术特征相同,技术方案相同。对于后一申请中超出第一次申请内容的部分,不享受优先权。

3. 外国专利申请在我国取得优先权,以该外国同中国签订的协议或者共同参加的国际条约,或者依照相互承认优先权的原则为前提。即受理申请人第一次申请的该外国与我国签订有相互承认优先权的双边协议,或者与我国共同参加了有优先权规定的国际条约,或者相互承认在对方国家提出的专利申请可以在本国取得优先权。

三、本条第二款对本国优先权的取得作了规定。即申请人自发明或者实用新型在中国第一次提出专利申请之日起十二个月内,又向国务院专利行政部门就相同主题提出专利申请的,可以享有优先权。本国优先权仅限于发明或者实用新型的专利申请,外观设计专利申请不能取得本国优先权。取得优先权的条件是:(1)申请人就发明或者实用新型已在中国提出过一次申请,并且该申请符合条件,已被国务院专利行政部门受理并确定申请日;(2)优先权的期限为自第一次提出申请之日起的十二个月内,超过十二个月再提出申请,则不能享有优先权;(3)自第一次提出申请之后,又向国务院专利行政部门就相同的主题再次提出申请。

第三十条　申请人要求优先权的,应当在申请的时候提出书面声明,并且在三个月内提交第一次提出的专利申请文件的副本;未提出书面声明或者逾期未提交专利申请文件副本的,视为未要求优先权。

【释义】　本条是关于申请人取得优先权的程序的规定。

按照本条及专利法实施细则和国务院专利行政部门的规定,申请人要求优先权的,应当按下列要求办理:

一、应当在申请的时候提出书面声明。在书面声明中应当写明第一次提出的专利申请的申请日、申请号和受理该申请的国家。

二、在三个月内提交第一次提出的专利申请文件的副本，包括第一次提出专利申请时提交的专利申请请求书、说明书、权利要求书以及外观设计的图片或者照片等依法应当提交的申请文件的副本。如果要求外国优先权的，申请人提交的第一次专利申请文件的副本，应当经该国受理机关证明。

三、如果申请人要求优先权而没有提出书面声明，并在三个月内提交专利申请文件副本的，则视为没有要求优先权。

第三十一条　一件发明或者实用新型专利申请应当限于一项发明或者实用新型。属于一个总的发明构思的两项以上的发明或者实用新型，可以作为一件申请提出。

一件外观设计专利申请应当限于一项外观设计。同一产品两项以上的相似外观设计，或者用于同一类别并且成套出售或者使用的产品的两项以上外观设计，可以作为一件申请提出。

【释义】　本条是关于专利申请的单一性原则和合并申请的规定。

一、一项专利申请只限于一项发明创造，即通常所说的"单一性原则"，是世界上多数国家处理专利申请时所采用的原则，我国的专利法也确立了这一原则。采用这一原则，有利于方便专利申请的审查，便于国务院专利行政部门对专利申请进行有效的分类、检索,可以安排不同的审查人员进行审查,可以提高审查工作效率,对专利申请人也有利。同时,也有利于合理收费,避免有的申请人以一件申请请求保护几项发明创造,从而达到少缴申请费、审查费和年费的目的。

二、按照本条第一款的规定,一件发明或者实用新型专利申请应当限于一项发明或者实用新型。即一件发明或者实用新型的专利申请中只能包含一项发明或者实用新型,仅限于一个独立的权利要求。如果权利要求书中只有一个独立的权利要求,或者在一个独立的权利要求之下还有若干个从属权利要求,也是符合单一性的原则的。按照本条第二款的规定,一件外观设计的专利申请应当限于一项外观设计。

三、按照专利申请的单一性原则,一件专利申请只限于一件发明创造。但在特定情况下也可以例外。

1. 按照本条第一款的规定,对于发明和实用新型来讲,属于一个总的发明构思的两项以上的发明或者实用新型,可以作为一件申请提出,称为合并申请。可以作为一件专利申请提出的属于一个总的发明构思的两项以上的发明或者实用新型,应当在技术上相互关联,包含一个或者多个相同或者相应的特定技术特征,其中特定技术特征是指每一项发明或者实用新型作为整体考虑,对现有技术作出贡献的技术特征。符合上述规定的两项以上发明专利申请的权利要求,可以是下列各项之一:(1)不能包括在一项权利要求内的两项以上产品或者方法的同类独立权利要求;(2)产品和专用于制造该产品的方法的独立权利要求;(3)产品和该产品的用途的独立权利要求;(4)产品、专用于制造该产品的方法和该产品的用途的独立权利要求;(5)产品、专用于制造该产品的方法和为实施该方法而专门设计的设备的独立权利要求;(6)方法和为实施该方法而专门设计的设备的独立权利要求。

2. 按照本条第二款的规定,同一产品两项以上的相似外观设计,或者用于同一类别并且成套出售或者使用的产品的两项以上的外观设计,可以作为一件申请提出。该款规定了可以将两项以上外观设计作为一项专利申请提出的情形,即同一产品和同一类别产品。(1)对同一产品而言,两项以上的外观设计必须是相似外观设计,或称为"关联外观设计"。换言之,在该情形下允许同一申请人围绕其核心设计对同一产品提出一组彼此略有不同、但又整体相似的外观设计方案。比如一个以青花瓷图案为主体设计的旗袍,其领口或袖口的花纹可能有若干细微差别,可以依法合并提出申请。(2)对同一类别产品而言,则必须是成套出售或者成套使用的。这里讲的"同一类别",是指产品属于分类表中同一个小类;这里讲的"成套出售或者使用",是指各产品的设计构思相同,并且习惯上是同时出售、同时使用的。比如成套的茶具,就可以依法提出合并申请。

这次修改专利法,在本条第二款中增加了"同一产品两项以上的相似外观设计"可作为一件申请提出的情形。如不增加此情形,则无法对于同一产品上的"关联外观设计"予以充分保护。因为在修改前的专利法中,关联外观设计若合并申请则不符合单一性原则,若分开申请则可能导致其中部分申请因彼此相似而丧失新颖性。在增加“关联外观设计”可合并申请的情形后,有利于鼓励设计者的创新,使之在提出专利申请时“穷尽”围绕其核心设计理念的相似设计;同时,也有利于依法全面保护其设计方案,最大范围地阻止他人的非法仿冒,从而维护外观设计专利权人的合法利益。

第三十二条　申请人可以在被授予专利权之前随时撤回其专利申请。

【释义】　本条是关于申请人在被授予专利权之前可以撤回专利申请的规定。

一、依法提出专利申请,是申请人的民事权利。申请人对这一权利有权自行处分。申请人在申请专利以后,可能会出于各种考虑,而撤回专利申请。比如,申请人可能会认为自己的申请不符合专利法规定的条件,因而不会被授予专利权;或者自己的专利申请的内容没有太多的经济效益,不值得因此缴纳有关费用等,可以撤回申请。撤回专利申请的时间,可以是被授予专利权之前的任何时间。申请人撤回专利申请的,应当向专利局提出声明,写明发明创造的名称、申请号和申请日。撤回专利申请的声明是在专利局做好公布专利申请文件的印刷准备工作后提出的,申请文件仍予公布。撤回专利申请时,对于已经缴纳的申请费和其他费用,专利局不予退还。

二、本法其他条款还规定了一些视为申请人撤回专利申请的情况。如第三十五条规定,发明专利的申请人无正当理由逾期不请求实质审查的,该申请即被视为撤回;第三十六条规定,发明专利已经在外国提出过申请的,发明专利申请人无正当理由逾期不提交该国对审查其申请进行检索的资料或者审查结果的资料的,该申请即被视为撤回;第三十七条规定,国务院专利行政部门对发明专利进行实质审查后,要求申请人陈述意见或者对申请进行修改,申请人无正当理由逾期不答复的,该申请即被视为撤回。这些规定,都是为了督促申请人及时履行义务。

第三十三条　申请人可以对其专利申请文件进行修改,但是,对发明和实用新型专利申请文件的修改不得超出原说明书和权利要求书记载的范围,对外观设计专利申请文件的修改不得超出原图片或者照片表示的范围。

【释义】　本条是关于申请人对专利申请的修改权的规定。

一、申请人可以对其专利申请文件进行修改,这是法律赋予专利申请人的一项权利。专利申请人在申请专利以后,被授予专利权以前,可能因多种原因,需要对其专利申请文件进行修改。比如,可能会认为自己的专利申请文件中有些地方写的不清楚,不准确,或者有些数据还需要经过重新测算,更改等。因此,法律允许专利申请人对其专利申请文件进行修改。这里规定的申请人对专利文件的修改,与本法第三十七条所规定的申请人应国务院专利行政部门的要求对其专利申请的修改是不同的,这里是申请人主动提出的修改。按照有关规定,发明专利申请人在提出实质审查请求或者在对专利局第一次实质审查意见作出答复时,可以对发明专利申请主动提出修改。实用新型或者外观设计专利申请人自申请日起三个月内,可以对实用新型或者外观设计专利申请主动提出修改。比如,可以对原来的文字、图示进行修改,以使得更加清楚、准确;或者可以对原来的技术方案进行修改、补充,以使得更加完善。但是,申请人对专利申请文件进行修改,不得超出法律规定的范围。

二、关于申请人对专利申请文件的修改范围。按照本条规定,对发明和实用新型专利申请文件的修改范围不得超出原说明书和权利要求书记载的范围;对外观设计专利申请文件的修改不得超出原图片或者照片表示的范围。

第四章 专利申请的审查和批准

第三十四条 国务院专利行政部门收到发明专利申请后，经初步审查认为符合本法要求的，自申请日起满十八个月，即行公布。国务院专利行政部门可以根据申请人的请求早日公布其申请。

【释义】 本条是关于发明专利申请的初步审查和对申请予以公布的规定。

一、我国专利法对发明专利申请的审查采取的是“早期公开，延迟审查”的制度，即专利行政部门在收到发明专利申请后，先进行初步审查，对符合要求者，自申请日起一段时间内予以公开，并在一定期限以后，应申请人的请求或自行对申请进行实质审查并对符合法定条件的授予专利权。这一审查制度一方面有利于及时公开发明技术，促进科学技术的交流与发展；另一方面可以使有的申请人因各种原因（如在申请后认为其发明还不成熟，或认为发明已丧失新颖性，或认为发明缺乏经济价值）而不再请求实质性审查，从而减轻专利部门的工作负担，避免申请案的积压。

二、根据本条规定，专利行政部门在收到发明专利申请以后，首先要对其进行初步审查。这里讲的“初步审查”也称形式审查,是指专利管理机关审查专利申请是否符合法律规定的形式要求,主要审查两个方面:(1)对专利申请文件的形式要件进行审查。即审查申请人的专利申请各项文件是否齐备,是否符合本法第二十六条规定的要求,以及这些文件是否符合规定的格式。(2)对专利申请的内容进行审查。主要是审查申请专利的发明是否违反法律、社会公德或者妨害公共利益,是否违反法律、行政法规的规定获取或者利用遗传资源,并依赖该遗传资源完成,或者是否属于本法第二十五条规定的不授予专利权的范围,或者是否符合本法第十八条、第十九条关于在中国没有经常居所或者营业所的外国人、外国企业或者外国其他组织在中国申请专利和办理其他专利事务的规定,是否符合第二十条有关保密审查的规定或者是否符合本法第三十一条第一款关于一件发明作为一件申请提出的规定,等等。这些审查虽然涉及发明专利申请的内容,但不是对该申请是否符合"新颖性、创造性、实用性"的专利实质要件进行审查,只是审查其是否有明显违反法律的规定。

三、国务院专利行政部门对经过初步审查认为符合专利法要求的申请,应自申请日起满十八个月,即行公布。同时,专利行政部门也可以根据申请人的请求早日公布。公布的内容主要包括发明专利申请的请求书、说明书及其摘要、权利要求书等申请人提交的所有的专利申请文件。依赖遗传资源完成的发明创造,申请人应当在专利申请文件中说明该遗传资源的直接来源和原始来源,申请人无法说明来源的应当陈述理由。公布专利申请的方式,各国规定不同。我国采用的是在专利公报上登载发明专利申请请求书中记载的事项和发明的摘要，另外还出版发明说明书和权利要求书的全文单行本，允许公众查阅。

发明专利申请公布后，由于该发明还没有经过实质审查，还不能确定其是否能够被授予专利权，因此，他人实施早期公开的申请中的发明在法律上是不禁止的，不能认为是侵权。但同时为了保护申请人的权益，我国专利法对发明专利申请人实行临时保护，即本法第十三条规定的“发明专利申请公布后，申请人可以要求实施其发明的单位或者个人支付适当的费用”。对于不支付适当费用的使用人，发明专利申请人可以在专利权授予后，请求专利行政部门进行处理，或向人民法院起诉。

第三十五条　发明专利申请自申请日起三年内，国务院专利行政部门可以根据申请人随时提出的请求，对其申请进行实质审查；申请人无正当理由逾期不请求实质审查的，该申请即被视为撤回。

国务院专利行政部门认为必要的时候，可以自行对发明专利申请进行实质审查。

【释义】　本条是关于启动发明专利申请实质审查程序的规定。

一、依照本条第一款的规定，我国专利法对发明专利申请的实质审查，采取由申请人在法定期间内提出审查请求的方式予以启动，专利行政部门一般不主动对专利申请进行实质审查;专利申请人以外的其他人也无权要求对他人的专利申请进行实质审查。专利申请人提出进行实质审查请求的期间,为自提出专利申请之日起三年以内,在此期间,申请人可以随时向专利行政部门请求进行实质审查,如果自申请日起满三年,申请人未提出进行实质审查的请求,该申请即被视为自动撤回。法律的这一规定,一是对专利申请人有利。进行实质审查,申请人是要缴纳审查费的。如果申请人在提出申请后,认为其发明还不成熟,或者认为其发明已丧失新颖性,或者认为其发明缺乏经济价值时,可以不再请求实质性审查,也不用再缴纳实质审查的费用。二是可以大大减轻专利行政部门的审查工作负担。对发明专利申请进行实质审查相当复杂,如果专利行政部门对每一件发明专利申请都要主动进行实质审查,必然造成专利审查工作量过大,不利于提高审查工作效率。

二、依照本条第二款的规定,如果国务院专利行政部门认为必要,也可主动对一项发明专利申请进行实质审查。如认为某项申请专利的发明对国家利益、社会利益有重大影响时,不必经专利申请人提出请求,国务院专利行政部门即可自行对发明专利申请进行实质审查。

第三十六条　发明专利的申请人请求实质审查的时候,应当提交在申请日前与其发明有关的参考资料。

发明专利已经在外国提出过申请的,国务院专利行政部门可以要求申请人在指定期限内提交该国为审查其申请进行

检索的资料或者审查结果的资料；无正当理由逾期不提交的，该申请即被视为撤回。

【释义】 本条是关于发明专利申请人请求实质审查的时候应提交的文件资料的规定。

发明专利申请人在请求专利行政部门对其申请进行实质审查的时候，应当提交在申请日前与其发明有关的参考资料，主要是指发明人在完成发明的过程中，为了解决技术上的问题所参考过的现有技术资料，如专利文献、科技书籍和期刊等。发明专利已经在外国提出过申请的，国务院专利行政部门还可以要求申请人在指定期限内提交该国为审查其申请进行检索的资料或者审查结果的资料。这主要是因为，在当今科学技术迅速发展的情况下，发明专利申请数量多，涉及领域广泛，而专利行政部门的审查人员不可能对每一领域的技术状况都十分了解。而申请人作为发明的主体，对其发明所涉及的技术领域的了解和对相关资料的掌握上，相对而言有一定的优势。由其提供相关的资料，可以有利于减轻专利行政部门的工作负担，缩短专利审批的时间，提高审查工作效率和质量，最终更有利于对发明人的保护。

发明专利申请人无正当理由不提交上述资料的，该申请即被视为撤回。发明专利申请人有正当理由无法提交上述资料的，应当于提出实质审查请求的时候向专利行政部门申明，并在得到该资料后补交。

第三十七条 国务院专利行政部门对发明专利申请进行

实质审查后，认为不符合本法规定的，应当通知申请人，要求其在指定的期限内陈述意见，或者对其申请进行修改；无正当理由逾期不答复的，该申请即被视为撤回。

【释义】 本条是关于国务院专利行政部门对经实质审查认为不符合本法规定的发明专利申请应如何处理的规定。

国务院专利行政部门对发明专利申请的实质审查，是指对申请专利的发明是否具备法律所规定新颖性、实用性和创造性等可授予专利的实质要件进行审查。

专利行政部门对发明专利申请进行实质审查以后，认为不符合本法规定的授予专利的条件的，应当通知申请人，要求其在指定的期限内陈述意见，或者对其申请进行修改。申请人在收到通知以后，如果自己认为其申请符合法律要求，应在指定的期限内按照规定的要求向专利行政部门提交意见陈述书，充分说明和论证其申请符合法律规定的取得专利的条件；如果认为其申请需要修改，就应在指定的期限内，按照通知的要求修改其申请文件，同时说明修改的原因和法律依据。申请人逾期无正当理由不予答复的，该申请即被视为自动撤回。如果申请人因特殊原因未能按期答复的，如遇到了不可抗力，可以向专利行政部门说明其不能按期答复的正当理由，请求延长答复期限。

第三十八条　发明专利申请经申请人陈述意见或者进行修改后，国务院专利行政部门仍然认为不符合本法规定的，应当予以驳回。

【释义】 本条是关于驳回发明专利申请的规定。

专利行政部门在发明专利申请人陈述意见或者进行修改以后，仍然认为所申请专利的发明不符合本法规定授予专利的条件，例如，申请专利的发明不是对产品、方法或者其改进所提出的新的技术方案的；申请专利的发明违反国家法律、社会公德或者妨害公共利益的；申请专利的发明是违反法律、行政法规的规定获取或者利用遗传资源，并依赖该遗传资源完成的；属于本法第二十五条规定的不授予专利权的范围的；不具有新颖性、实用性和创造性的；对同一发明已经有过专利申请的；申请文件中说明书和权利要求书不符合法律规定的；申请的修改或者分案的申请超出原说明书和权利要求书记载范围的，等等，应当驳回其申请，不授予其专利权。

专利行政部门在驳回发明专利申请时，应当列举理由，并引证材料。发明专利申请人对驳回申请的决定不服的，可以自收到通知之日起三个月内，向专利复审委员会请求复审。

第三十九条　发明专利申请经实质审查没有发现驳回理由的，由国务院专利行政部门作出授予发明专利权的决定，发给发明专利证书，同时予以登记和公告。发明专利权自公告之日起生效。

【释义】 本条是关于批准授予发明专利权的规定。

一、专利行政部门对发明专利申请进行实质审查以后，如果没有发现依法应当驳回申请的情形的，应当由国务院专利行政部门作出授予发明专利权的决定。国务院专利行政部门依法作出授予专利权的决定后，即应向申请人发出授予专利权的通知。发明专利申请人应当在收到通知之日起的规定时间内办理专利权登记和领取专利证书的手续。国务院专利行政部门应当向授予专利权的人发放发明专利证书，同时予以登记和公告。发明专利权自公告之日起生效。

二、应说明的是，本条规定授予专利权的前提，是国务院专利行政部门经过实质审查没有发现应当予以驳回的理由。这并不一定表明该发明实际上完全符合法律规定的授予专利权的条件，也可能存在某些不符合法律规定的情形，但专利行政部门没有发现。在国务院专利行政部门公告授予专利权之日起，任何单位或者个人认为该专利权的授予不符合法律有关规定，都可以根据本法第四十五条的规定请求专利复审委员会宣告该专利权无效。

第四十条　实用新型和外观设计专利申请经初步审查没有发现驳回理由的，由国务院专利行政部门作出授予实用新型专利权或者外观设计专利权的决定，发给相应的专利证书，同时予以登记和公告。实用新型专利权和外观设计专利权自公告之日起生效。

【释义】　本条是关于对实用新型和外观设计专利申请审查和授权的规定。

一、我国对实用新型和外观设计专利申请采取的是形式审查制度，也称登记制度，即只要专利行政部门经过初步审查，认为该申请手续完备且符合法律规定的形式，就授予专利权。采取形式审查制度，主要是因为实用新型和外观设计的内容较为简单，只作形式审查可以加快审批速度，使这些实用技术尽快为社会所利用，充分发挥专利制度的作用。对于不符合专利法规定的取得专利权的实质条件而取得了专利权的实用新型和外观设计，可以通过以后的无效申请和宣告程序宣告其无效。

二、这里讲的初步审查，同发明专利申请的初步审查程序基本一样，即主要对实用新型和外观设计申请是否符合法律规定的形式要件进行审查，主要审查两个方面：一是对专利申请文件的形式进行审查。即审查申请人的专利申请是否具有本法第二十六条或者第二十七条规定的文件和其他必要的文件，以及这些文件是否符合规定的格式。二是对专利申请的内容进行初步审查。主要是审查申请专利的发明是否违反法律、社会公德或者妨害公共利益，是否违反法律、行政法规的规定获取或者利用遗传资源，并依赖该遗传资源完成，或者是否属于本法第二十五条规定的不授予专利权的范围，或者是否符合本法第十八条、第十九条关于在中国没有经常居所或者营业所的外国人、外国企业或者外国其他组织在中国申请专利和办理其他专利事务的规定，是否符合第二十条有关保密审查的规定，是否符合本法第三十一条第一款关于一件发明作为一件申请提出的规定，或者对专利申请文件的修改是否符合本法第三十三条的规定，以及是否有其他明显不符合法律规定的情形等。

三、专利行政部门对实用新型和外观设计专利申请进行初步审查以后，如果没有发现依法应当驳回申请的理由的，国务院专利行政部门应当作出授予实用新型或者外观设计专利权的决定，并依照规定向申请人发出授予专利权的通知。申请人应当在收到通知之日起的规定时间内办理专利权登记和领取专利证书的手续。国务院专利行政部门应当向授予专利权的人发给发明专利证书，同时予以登记和公告。实用新型和外观设计专利权自公告之日起生效。

第四十一条　国务院专利行政部门设立专利复审委员会。专利申请人对国务院专利行政部门驳回申请的决定不服的，可以自收到通知之日起三个月内，向专利复审委员会请求复审。专利复审委员会复审后，作出决定，并通知专利申请人。

专利申请人对专利复审委员会的复审决定不服的，可以自收到通知之日起三个月内向人民法院起诉。

【释义】　本条是关于对专利申请的复审以及对专利申请人的司法救济的规定。

一、本条规定的复审，是指由国务院专利行政部门设立的专利复审委员会，根据专利申请被驳回的申请人提出的复审请求，对专利行政部门作出的驳回专利申请的决定是否正确、合法依法进行的审查。国务院专利行政部门应当依照本法设立专利复审委员，受理专利申请人的复审请求。专利申请人对国务院专利行政部门驳回其专利申请的决定不服的，可以自收到通知之日起三个月内，向专利复审委员会请求复审。

专利复审委员会复审后,作出决定,并通知专利申请人。

按照有关规定,专利复审委员会由国务院专利行政部门指定有经验的技术专家和法律专家组成。申请人请求复审的,应当向专利复审委员会书面提出复审请求,说明理由并附具有关证明文件。专利复审委员会收到复审请求书后,先要进行形式审查,主要是对请求人的资格、请求期限、请求书的格式等进行审查。完成形式审查后,还要将复审请求转交作出驳回申请决定的原审查部门进行前置审查,而后再由专利复审委员会进行复审。复审申请人在请求复审时,可以修改被驳回的专利申请,但是修改应当仅限于驳回申请的决定所涉及的部分。

专利复审委员会经过审查作出复审决定。复审决定一般有以下几种情况:(1)复审理由不成立,维持原驳回决定;(2)复审理由成立,撤销原驳回决定;(3)专利申请文件经复审请求人修改,克服了原驳回申请决定所指出的缺陷,在新的文本基础上撤销原驳回申请的决定。

设立专利复审制度有利于纠正专利审查中可能出现的错误,更好地保护专利申请人的权益。

二、依照本条第二款规定,专利申请人对专利复审委员会的复审决定不服的,可以自收到通知之日起三个月内向人民法院起诉。这是法律为专利申请人提供的司法救济途径。按照本条规定,各类专利申请,既包括发明专利申请,也包括实用新型和外观设计的专利申请,申请人如对专利复审委员会作出的复审决定不服的,都可以向人民法院提起诉讼。

第五章 专利权的期限、终止和无效

第四十二条 发明专利权的期限为二十年，实用新型专利权和外观设计专利权的期限为十年，均自申请日起计算。

【释义】 本条是关于各类发明创造专利权的期限的规定。

一、专利权具有时间性，这是作为知识产权的专利权同有形财产的所有权相区别的特征之一。对有形财产的所有权来讲，如果财产本身不消灭，财产所有人对财产的所有权是始终存在的。专利权则不是这样，法律规定的专利期限届满或提前终止，尽管发明创造的技术本身还存在，但专利权却不存在了。也就是说，对该项技术的独占使用权不存在了，该发明创造成了社会财富，任何人都可以无偿使用。法律对专利权期限的规定，既要考虑充分适当地保护专利权人的利益，规定的保护期限不能太短，否则不利于调动发明创造的积极性；同时又要考虑国家和社会公众的利益，对专利权的保护周期不能过长，否则不利于先进技术的推广和应用。我国的专利法，将发明专利权的期限规定为二十年，将实用新型和外观设计专利权的期限规定为十年，这与 TRIPs 的规定是一致的，与世界各国关于专利权期限的法律规定相比也是合适的，充分体现了我国对知识产权保护的重视。当然，对专利权人来讲，在法定的专利保护期限内，专利权人可以根据本专业技术发展的周期及专利技术的实施情况，通过不缴纳年费或者声明放弃专利权的办法，自行决定其实际受保护期的长短。

二、依照本条规定，专利权的期限自申请之日起计算，即自专利申请人向中国专利行政部门实际提交专利申请之日起计算。这里所指的申请日，不包括优先权日。这里规定的，只是计算专利权期限起算日期，至于专利权的生效，依照本法第三十九条、第四十条的规定，应为自国务院专利行政部门发给专利证书，并予以公告之日起生效。

第四十三条　专利权人应当自被授予专利权的当年开始缴纳年费。

【释义】　本条是关于专利权人应依法按期缴纳年费的规定。

一、所谓年费，又称为专利维持费，各国专利法都规定专利权人应当缴纳年费，这是专利权人的一项义务。法律作出这样的规定，可以使专利权人从经济核算的角度放弃一些没有经济效益或者效益不高的专利权；另外，国家为专利权人的专有权提供保护，要求专利权人缴纳一定的费用也是合理的。

二、按照有关规定，除授予专利权当年的年费应当在办理登记手续的同时缴纳外，以后的年费应当在前一年度期满前一个月内预缴。专利年度从申请日起算，与优先权日、授权日无关，与自然年度也没有必然联系。按照有关规定，专利权人未按时缴纳年费(不包括授予专利权当年的年费)或者缴纳的数额不足的,可以在年费期满之日起六个月内补缴,同时缴纳金额为该年度年费数额25%的滞纳金。

第四十四条　有下列情形之一的,专利权在期限届满前终止:

(一)没有按照规定缴纳年费的;

(二)专利权人以书面声明放弃其专利权的。

专利权在期限届满前终止的,由国务院专利行政部门登记和公告。

【释义】 本条是关于专利权在期限届满前终止的情形的规定。

本条规定了专利权在期限届满前终止的两种情形:

1. 专利权人没有按照规定缴纳年费的

本法第四十三条规定,专利权人应当自被授予专利权的当年开始按期缴纳年费。这是专利权人的一项义务,是维持其专利权效力的必要条件。专利权人要想在保护期限届满前保持其专利权的效力,就必须按期缴纳年费。否则,按照权利和义务对等的原则,不履行按期缴纳年费的义务,就不能继续保持其享受专利权保护的权利。

2. 专利权人以书面声明放弃其专利权的

专利权是一项民事权利,专利权人有权依法取得这项民事权利,也有权处分包括放弃这项民事权利。一般情况下,专利权人是要尽力维护专利权的,但在有些情况下,比如,由于科学技术的进步，迅速更新换代，其拥有的专利已经失去存在的实际价值，或者专利实施的效益与逐年增加的年费相比，专利权人认为在经济上不合算等，专利权人也会自动要求放弃其专利权。一旦专利权人在专利期限届满前以书面声明放弃其专利权的，该专利权终止。但从道理上说，如果专利权人已经同他人订立了专利实施许可合同，许可他人实施其专利，在合同的有效期内，如果专利权人放弃其专利权，应当征得被许可人同意，否则会损害被许可人的利益。

专利权终止后，专利技术将进入公共领域，任何人都可以不经专利权人同意而实施该技术。因此，专利权终止的情况，应当通过一定的形式，使公众能够了解。本条第二款专门为此作了规定，按照该款规定，专利权在期限届满前终止的，应由国务院专利行政部门登记和公告。

第四十五条　自国务院专利行政部门公告授予专利权之日起，任何单位或者个人认为该专利权的授予不符合本法有关规定的，可以请求专利复审委员会宣告该专利权无效。

【释义】　本条是关于请求宣告专利权无效的规定。

一、专利权是由国家专利主管机关依法批准授予的权利。尽管专利主管机关对专利申请依法进行了审查，但由于各种原因，并不能绝对保证所授予的专利权都是符合法律规定的授权条件的。特别是对于实用新型和外观设计专利，由于专利主管机关并不对其进行实质审查，难免在以后发现有不符合法定授予专利权条件的情形。为对这类情形有必要的补救措施，本法规定了宣告专利权无效的程序。这样的规定，有利于使公众与专利审查机关相结合，纠正专利申请审查过程中可能发生的失误，取消本来就不应当获得的专利权。

二、依照本条规定，请求宣告专利权无效的主体，可以是任何单位或者个人。当然，实践中，提出无效宣告请求的多是与被请求宣告无效的专利权有利害关系的单位和个人。

三、任何单位或者个人请求宣告专利权无效时，应当向专利复审委员会提交请求书和有关文件，说明所依据的事实和理由。依照本条规定，提出宣告专利权无效的理由，应是授予的专利权不符合本法的有关规定，例如，被授予专利权的发明和实用新型不具有新颖性、创造性和实用性；被授予专利权的外观设计属于现有设计；被授予专利权的外观设计与他人在申请日以前已经取得的合法权利相冲突；被授予专利权的发明创造是属于违法、违反社会公德和妨害社会公共利益的；被授予专利权的发明创造所依赖的遗传资源的获取或者利用违反法律、行政法规规定的，等等。

四、请求宣告专利权无效的起始时间，为授予专利权的公告之日。在国务院专利行政部门公告授予专利权之日起，任何单位或者个人都可以提起专利权无效的宣告请求。

第四十六条　专利复审委员会对宣告专利权无效的请求应当及时审查和作出决定，并通知请求人和专利权人。宣告专利权无效的决定，由国务院专利行政部门登记和公告。

对专利复审委员会宣告专利权无效或者维持专利权的决

定不服的,可以自收到通知之日起三个月内向人民法院起诉。人民法院应当通知无效宣告请求程序的对方当事人作为第三人参加诉讼。

【释义】 本条是关于专利复审委员会对宣告专利权无效的请求作出处理决定的程序以及对专利复审委员会的决定不服的司法救济规定。

一、依照本条第一款的规定,专利复审委员会对专利权无效的请求,应按以下程序处理:

1. 对专利权无效的请求,应当及时进行审查。专利复审委员会对宣告专利权无效的请求的审查,包括形式审查与实质审查。对专利权无效请求的形式审查,主要是审查无效宣告请求书是否符合规定的格式,请求书中是否说明了提出无效宣告请求所依据的事实和理由,以及提出的理由是否符合本法第四十五条的规定等。对不符合规定的格式的,专利复审委员会应当要求请求人在指定的期限内补正,期满未补正的,该无效宣告请求视为未提出。对请求书中未说明所依据的事实和理由,或者提出的理由不符合本法规定的,专利复审委员会对该请求将不予受理。专利复审委员会应当将收到的无效宣告请求书的副本和有关文件的副本送交专利权人,要求其在指定的期限内陈述意见。专利权人可以修改专利文件,但不得扩大原专利权保护的范围;专利权人在指定的期限内未答复的,不影响专利复审委员会的审理。对专利权无效请求的实质审查,是指审查提出宣告专利权无效的理由是否成立,即审查被请求宣告无效的专利权是否确有不符合法律规定的授权条件的情形，包括审查被授予专利权的发明和实用新型是否符合有新颖性、创造性和实用性的标准；被授予专利权的外观设计是否属于现有设计；被授予专利权的外观设计是否与他人在申请日以前已经取得的合法权利相冲突；被授予专利权的发明创造是否属于违法、违反社会公德和妨害社会公共利益；被授予专利权的发明创造所依赖的遗传资源的获取或者利用是否违反法律、行政法规规定，等等。专利复审委员会收到宣告专利权无效的请求后，应当按照本条的规定及时进行审查，提高审查工作的效率和质量，以及时处理专利纠纷，维护当事人的权益。

2. 专利复审委员会对宣告专利权无效的请求依法审查完毕后，应当及时作出处理决定。经审查确认请求宣告无效的理由成立的，根据不同情况，作出专利权无效或部分无效的决定；审查确认请求宣告无效的理由不成立的，应作出维持专利权的决定。

3. 专利复审委员会对宣告专利权无效的请求作出决定后，应及时通知请求人和专利权人。对宣告专利权无效的决定，应由国务院专利行政部门予以登记和公告，使公众了解。依照本法第四十七条的规定，被宣告无效的专利权，视为自始无效。

二、本条第二款规定了当事人对专利复审委员会的复审决定不服的司法救济程序。即请求人和专利权人收到专利复审委员会的审查决定通知后，如果对专利复审委员会所作出的决定不服，可以在收到通知之日起三个月内，以专利复审委员会为被告向人民法院提起诉讼。由于人民法院对案件的处理结果与无效宣告请求程序的对方当事人有利害关系，人民法院应依法通知无效宣告请求程序的对方当事人作为第三人参加诉讼。即如果是提出无效宣告请求的人对专利复审委员会作出的复审决定不服向法院起诉的，人民法院应当通知专利权人作为第三人参加诉讼；如果是专利权人对专利复审委员会作出的宣告专利权无效或部分无效的决定不服向法院起诉的，人民法院应当通知提出无效宣告请求的当事人作为第三人参加诉讼。如果当事人在规定的时间内没有起诉的，专利复审委员会的审查决定即发生效力。

第四十七条　宣告无效的专利权视为自始即不存在。

宣告专利权无效的决定，对在宣告专利权无效前人民法院作出并已执行的专利侵权的判决、调解书，已经履行或者强制执行的专利侵权纠纷处理决定，以及已经履行的专利实施许可合同和专利权转让合同，不具有追溯力。但是因专利权人的恶意给他人造成的损失，应当给予赔偿。

依照前款规定不返还专利侵权赔偿金、专利使用费、专利权转让费，明显违反公平原则的，应当全部或者部分返还。

【释义】　本条是关于专利权无效宣告的法律效力的规定。

一、宣告无效的专利权视为自始即不存在。依照本条第一款的规定，被宣告无效的专利权，视为自始即不存在，法律上认定该专利权从授权开始就没有法律约束力，而不是自被宣告无效后才失去法律效力，即对专利权无效的宣告是有溯及力的。

二、按照民法的一般原则，被宣告无效的专利权的权利人因行使专利权所获得的利益属于不当得利，既然被宣告无效的专利权视为自始即不存在，则专利权人应当将不当得利返还相对人。但考虑到专利权作为一种无形的财产权及授权情况的复杂性，很难保证每一项被授予的专利权都符合法律规定的条件而不在其后被宣告无效。如果专利权一旦被宣告无效，还要溯及法院已经作出并执行的判决、调解书，溯及管理专利工作的部门作出并已履行或强制执行的处理决定，会使法院判决、调解书及行政机关决定处于不稳定的状态，进而影响社会经济秩序的稳定。对专利实施许可合同和专利权转让合同来讲，被许可人和专利权受让人由于专利权被宣告无效前已经因专利权受到保护而获得了实际的利益，其支付的专利使用费和专利权转让费不予返还也是合理的。因此，本条在第一款规定专利权无效宣告具有溯及既往的效力的同时，又在第二款中，规定了对几种情形不具有追溯力，包括：

1. 宣告专利权无效前人民法院作出并已执行的专利侵权的判决、调解书。在专利权被宣告无效前，专利权人以他人侵犯其专利权为由，向人民法院提出诉讼，经人民法院根据当时尚属有效的专利权，作出有关专利侵权损害赔偿的判决、调解书并已执行的，在专利权被宣告无效后，对该项已作出并已执行的判决、调解书，不具有溯及力。依判决、调解书规定因侵犯专利权而给予的侵权损害赔偿金，当事人不得请求返还。

这次修改专利法将修正前专利法这一条中专利权无效宣告不具有溯及力的法院的“判决、裁定”修改为“判决、调解书”。主要考虑是:无效宣告是否具有溯及力,影响的是当事人的实体权利,而只有法院的判决、调解书才会对当事人的实体权利作出规定,法院的裁定主要针对的是诉讼中的程序性事项,具有即时性的特点。将无效宣告不具有溯及力的范围限定为“法院的判决、调解书”更为适当。

2. 已经履行或者强制执行的专利侵权纠纷处理决定。依照本法第六十条的规定,因侵犯专利权引起的纠纷,当事人可以请求管理专利工作的部门进行处理;当事人对管理专利工作的部门作出的处理不服的,可以在规定的期限向人民法院提起行政诉讼。当事人期满既不起诉又不履行管理专利工作的部门作出的处理决定的,管理专利工作的部门可以请求人民法院强制执行。对管理专利工作的部门对专利侵权纠纷作出的处理决定,当事人已经履行的,或者已经管理专利工作的部门申请法院强制执行的,其后作出的专利权无效的宣告,没有追溯力。

3. 已经履行的专利实施许可合同或者专利权转让合同。对因履行专利实施许可合同而支付的专利使用费或者因履行专利权转让合同而支付的转让费,当事人都不得请求返还。

同时,为了保护有关当事人的合法权益,依照本款规定,如果因专利权人的恶意给他人造成损失的,应当给予赔偿。

三、按照本条第二款关于专利权无效的宣告对已经履行的专利实施许可合同或者专利权转让合同不具有追溯力的规定，对因履行专利实施许可合同而支付的专利使用费或者因履行专利权转让合同而支付的转让费，当事人不得请求返还。为了防止因这一规定而产生不公平的现象，本条第三款又规定，如果依照第二款的规定，专利权人或者专利权转让人不向被许可实施专利人或者专利权受让人返还专利使用费或者专利权转让费，明显违反公平原则，专利权人或者专利权转让人应当向被许可实施专利人或者专利权受让人返还全部或者部分专利使用费或者专利权转让费。例如，当履行实施许可合同或者转让合同不久，被许可实施专利的人或者专利权受让人还未实施有关的专利或者实施了较短的时间，该专利权就被宣告无效。在短时间内他们还没有从专利实施中取得实际利益或者其取得的利益与支出的专利使用费和受让费相比相去甚远，出现了明显的不公平现象时，专利权人或者专利权转让人应当向被许可实施专利人或者专利权受让人返还专利使用费或者专利权转让费。

依照本条第二款的规定，专利权无效宣告对专利侵权纠纷的处理决定、法院的判决和调解书，不具有溯及力，按照处理决定、判决和调解书而给予的侵权损害赔偿金，当事人不得请求返还。这次修改专利法，有的意见提出，实践中不返还专利侵权赔偿金，也会产生不公平的现象。因此，本条第三款增加规定，依照本条第二款规定不返还专利侵权赔偿金，明显违反公平原则的，应当全部或者部分返还。

第六章　专利实施的强制许可

第四十八条　有下列情形之一的，国务院专利行政部门根据具备实施条件的单位或者个人的申请，可以给予实施发明专利或者实用新型专利的强制许可：

（一）专利权人自专利权被授予之日起满三年，且自提出专利申请之日起满四年，无正当理由未实施或者未充分实施其专利的；

（二）专利权人行使专利权的行为被依法认定为垄断行为，为消除或者减少该行为对竞争产生的不利影响的。

【释义】　本条是关于依申请给予专利实施强制许可的规定。

一、专利强制许可制度，又称非自愿许可制度，是指国家专利行政机关或者司法机关，依据法定条件和程序，不经发明、实用新型专利权人的同意，向特定对象颁发实施其专利的许可，同时由被许可人向专利权人支付使用费的制度。

依照法律规定，专利权人对其发明创造在法定期限内享有独占权或专有权，即在专利权的有效期内，任何单位和个人未经专利权人许可，不得实施其专利，否则就构成对专利权的侵犯。但是，专利权人的专有权并不是绝对的。设立专利制度的最终目的是促进科技创新和技术进步，为保证这一目的的实现，防止专利权人对其专利技术不适当的垄断，促使获得专利权的发明创造得以实施，在某些情况下需要对专利权人的专有权进行一定的限制，即由法律规定的行政、司法机关授予特定对象实施某专利，而无须经过该专利权人的许可。这就是专利强制许可制度产生的背景。专利强制许可制度是限制专利权滥用、实现专利权人利益与社会公众利益平衡的重要法律手段。有关国际公约及许多国家和地区的专利法或相关法律中都规定了这一制度。我国专利法对此也作了规定。本条是关于专利行政主管部门依申请人的申请给予专利实施强制许可的规定。

二、按照本条规定，依当事人申请给予专利实施的强制许可，包括两种情况：

1. 专利权人不实施或者不充分实施其专利

创设专利制度的目的在于通过授予专利权人一定的独占权，鼓励发明创造，并通过专利的实施促进经济发展和社会进步。如果专利权人在获得专利权后长时间不实施其专利，该发明创造不能为社会带来效益，就违背了专利制度的创设目的。因此，有关国际公约都将专利权人不实施或者不充分实施专利，作为授予强制许可的情况。巴黎公约第五条A款规定，本联盟各国都有权采取立法措施规定授予强制许可，以防止由于行使发明、实用新型专利所赋予的专有权而可能产生的滥用，例如不实施。同时该公约规定了授予强制许可的条件：(1)授予强制许可的申请应当在提出专利申请之日起满四年，或自授予专利之日起满三年（以最后届满期为准）后提出；（2）这种强制许可不是独占性的，而且除与利用该许可的部分企业或商誉一起转让外，不得转让，包括授予分许可证的形式在内。许多国家如韩国、澳大利亚、德国、英国、加拿大等也对专利权人不实施专利而授予强制许可的内容作了规定。这次修改专利法，依据有关国际公约和相关国家、地区的立法例，对不实施专利而授予强制许可的规定作了细化，即本条第一项规定的：利权人自专利权被授予之日起满三年，且自提出专利申请之日起满四年，无正当理由未实施或者未充分实施其专利的，国务院专利行政部门根据具备实施条件的单位或者个人的申请，可以给予实施发明专利或者实用新型专利的强制许可。

2. 为制止垄断行为而授予强制许可

所谓垄断行为，按照我国反垄断法的规定，包括三类：经营者达成垄断协议；经营者滥用市场支配地位；具有或者可能具有排除、限制竞争效果的经营者集中。

专利权具有专有性或排他性，即法律赋予专利权人对特定发明创造的独占权，权利人可以在法律授权的范围内排他性地享有或者行使其权利。基于此，专利权人可以在一定时间和一定领域内就某种产品的生产或者销售取得市场优势地位甚至是市场支配地位，这对竞争会造成一定的影响。但是，行使专利权对竞争的限制，是法律对各种利益关系进行权衡利弊后所允许的，即为了促进技术创新、提高竞争力而不得不对竞争产生一定的限制。因此，因专利权而形成的垄断地位以及因专利权的行使而对竞争的限制，是基于法律的授权，是合法的。各国一般将依法行使专利权的行为作为反垄断法的适用除外情形。另一方面，如果专利权的权利人超出法律对其专有权规定的范围而滥用其权利，以谋取或加强其垄断地位，这种权利是不受保护的，这种行为如果排除、限制了竞争，应当受反垄断法的调整。我国反垄断法第五十五条明确规定，经营者依照有关知识产权的法律、行政法规规定行使知识产权的行为，不适用反垄断法；但是，经营者滥用知识产权，排除、限制竞争的行为，适用反垄断法。

因此，专利权人滥用其专利权，以排除、限制竞争为目的拒绝授予专利许可，就可能构成反垄断法中规定的垄断行为（主要是滥用市场支配地位行为）。为了消除该行为对市场的影响，有关部门可以不经专利权人的同意而授予强制许可。同时，在反垄断法规范的经营者集中活动中，为了降低参与集中的经营者的竞争力，防止过度地排除、限制竞争，有关政府部门有时也会以专利强制许可作为批准集中行为的附加条件。TRIPs、许多国家和地区都将为制止垄断行为作为授予强制许可的条件。比如 TRIPs 第三十一条明确规定，任何一个成员方可以通过制定国内法允许未经权利人授权而对专利的标的事项作其他使用，包括政府或经政府许可的第三者的使用。同时，该条第三项规定，强制许可可用于抵消在司法或行政程序后被确定的反竞争的做法。

这次修改专利法，借鉴 TRIPs 的规定和国外立法例，也将制止垄断行为作为授予专利实施的强制许可的一种情形。按照本条第二项的规定，如果专利权人行使专利权的行为被司法机关或者反垄断执法机关认定为反垄断法规定的垄断行为的，为了消除或者减少该行为对竞争产生的不利影响，国务院专利行政部门可以根据具备实施条件的单位或者个人的申请，给予实施发明专利或者实用新型专利的强制许可。

第四十九条　在国家出现紧急状态或者非常情况时，或者为了公共利益的目的，国务院专利行政部门可以给予实施发明专利或者实用新型专利的强制许可。

【释义】　本条是关于依特殊情况或公共利益需要给予专利实施强制许可的规定。

一、当国家出现紧急状态，或为了其他公共利益的目的，有时需要不经专利权人同意而许可他人实施其专利。许多国家和地区把公共利益需要作为授予专利强制许可的理由。

二、本条规定可作出专利实施强制许可决定的情况有两类：

1. 国家出现紧急状态或者非常情况。例如，爆发战争、爆发大规模疫病、发生严重自然灾害等情况。

2. 为了公共利益的目的。例如，为了公共利益对一项获得专利的污染防治技术方案给予强制实施许可。

三、本条规定的强制许可，可以不经任何人提出强制许可的申请，而由国务院专利行政部门直接作出强制许可的决定。但是，这类强制许可仅限于发明专利和实用新型专利。

第五十条　为了公共健康目的，对取得专利权的药品，国务院专利行政部门可以给予制造并将其出口到符合中华人民共和国参加的国际条约规定的国家或者地区的强制许可。

【释义】　本条是关于为了公共健康目的而授予专利药品的强制许可的规定。

一、本条规定是这次修改专利法新增加的内容，主要是为了与 TRIPs 的修改相协调。

TRIPs 第三十一条规定，成员可以依法对专利颁发强制许可，同时规定了一些限制条件，其中第 f 项规定，强制许可的使用应主要为满足国内市场的需求。这一规定对发展中国家不利。有些发展中国家，特别是最不发达国家，其制药企业没有生产能力或生产能力不足，即使其对某药品专利颁发强制许可，国内企业也无法生产该专利产品；而具有生产能力的国家又不能将其通过强制许可制造的药品出口到上述国家。近年来，发展中国家的健康问题，特别是艾滋病、肺结核、疟疾等流行病对人类健康带来的严重威胁越来越受到国际社会的关注。为了平衡知识产权与公共健康的关系，在广大发展中国家的推动下，围绕 TRIPs 如何解决公共健康问题先后通过了多个文件。比如，2001 年 11 月，多哈部长会议通过了《关于 TRIPs 协定与公共健康的宣言》，指出 TRIPs 应关注解决发展中国家所面临的公共健康问题，特别是医药企业不具备生产能力或生产能力不足的成员无法有效使用目前的强制许可制度的问题。2003 年 8 月，总理事会通过了《关于执行多哈〈关于 TRIPs 与公共健康的宣言〉第 6 段的决定》，规定在符合有关条件的情况下,成员可以授予其国内企业生产并出口特定专利药品的强制许可,不受 TRIPs 第三十一条 f 项关于强制许可的使用主要为供应国内市场的规定的限制。2005 年 12 月,世界贸易组织总理事会通过了《修改〈与贸易有关的知识产权协定〉议定书》(以下简称《议定书》),要求成员在 2007 年 12 月 1 日或部长级会议可能决定的更晚日期之前接受议定书,并在三分之二成员接受后生效。按照议定书的规定,议定书生效后,TRIPs 作相应修改,在第三十一条之后增加内容作为第三十一条之二,主要内容是:第三十一条 f 项的规定不适用于在符合规定条件的情况下,成员为生产并出口药品到有资格进口的成员中所颁发的强制许可。2007 年 10 月 28 日,我国十届全国人大常委会第三十次会议通过了《全国人民代表大会常务委员会关于批准〈修改《与贸易有关的知识产权协定》议定书〉的决定》。据此,这次修改专利法新增加对上述有关内容的规定。

二、根据本条规定,对取得专利权的药品授予的强制许可应遵守以下条件:

1. 为了公共健康的目的;

2. 强制许可的内容仅限于对专利药品的制造和出口;

3. 进口实施强制许可的药品的国家或者地区,应符合我国参加的有关国际公约的规定。这主要是指遵守 TRIPs 的有关规定。按照 TRIPs 的规定,有资格进口实施强制许可的药品的成员是指任何最不发达成员,以及任何已向 TRIPs 理事会通报(无须理事会批准),表明希望使用此制度作为进口方的成员。除最不发达国家成员外,进口成员要证明其在所需药品的生产领域制造能力不足或没有制造能力;确认该药品已在其地域内授予专利权,其已经或者计划颁发强制许可。

第五十一条　一项取得专利权的发明或者实用新型比前已经取得专利权的发明或者实用新型具有显著经济意义的重大技术进步,其实施又有赖于前一发明或者实用新型的实施的,国务院专利行政部门根据后一专利权人的申请,可以给予实施前一发明或者实用新型的强制许可。

在依照前款规定给予实施强制许可的情形下,国务院专利行政部门根据前一专利权人的申请,也可以给予实施后一发明或者实用新型的强制许可。

【释义】 本条是关于对技术互相依存的发明或者实用新型专利给予强制许可的规定,即对所谓"依存专利"的强制许可规定。

一、在实际生活中,有时前一项发明或者实用新型专利与后一项发明或者实用新型专利是相互依存的,后一项专利如果不利用前一项专利中的某些专利技术就无法实施。在此情况下,如果两个专利权人互相之间不能在合理的条件下订立专利实施许可合同,则其中的专利技术就不能有效实施。显然,这既不利于专利权人,也不利于科学技术的发展。因此,一些国家和地区规定,对"依存专利"的专利权人可以授予实施前一专利的强制许可。我国专利法也在本条对此作出了规定。

二、依照本条规定,给予依存专利的强制许可必须符合以下条件：

1. 两项发明或者实用新型专利必须是相关的、从属的，后一项专利的实施又有赖于前一专利的实施，否则后一项专利将无法实施的。

2. 后一项取得专利权的发明或者实用新型比前已经取得专利权的发明或者实用新型具有显著经济意义的重大技术进步。

三、依照本条第二款的规定，在依照第一款的规定给予后一项专利的专利权人实施从属的前一项专利的强制许可的情形下，如果前一专利权人提出给予实施后一项专利的强制许可的申请的，国务院专利行政部门也可给予其实施后一项专利的强制许可。这一规定体现了公平的原则。

四、本条规定的强制许可，只能由国务院专利行政部门依相关专利权人的申请给予，国务院专利行政部门不能主动作出给予依存专利强制许可的决定。

第五十二条　强制许可涉及的发明创造为半导体技术的，其实施限于公共利益的目的和本法第四十八条第（二）项规定的情形。

【释义】　本条是关于涉及发明创造为半导体技术的强制许可的限制性规定。

一、半导体技术是以半导体为材料，制作成组件及集成电路的技术。半导体材料在集成电路系统中广泛应用，半导体技术在电子信息技术中具有重要的地位。由于半导体技术的重要性和特殊性，TRIPs 对涉及半导体技术的发明创造的强制许可问题作了特殊规定。该协定第三十一条中规定，若一成员方的法律允许未经权利人授权而对专利的标的事项作其他使用，包括政府或经政府许可的第三者的使用，此类使用的范围和期限应限制在被授权的意图之内。并特别指出涉及半导体技术的，只应用于公共的非商业性目的，或用于抵消在司法或行政程序后被确定的反竞争的做法。此外，一些国家的专利法也对这一问题作了特殊规定，其规定的内容大致与 TRIPs 的上述规定相同。例如，法国专利法规定，涉及半导体技术领域的发明专利，对其实施强制许可的授权仅限于公共、非商业性的目的，或者是作为对经司法、行政机关确定为反竞争行为的一种救济。德国专利法规定，在半导体的科技领域，对于专利的发明，仅在为排除专利权人在诉讼程序或行政程序中确定违反竞争的实务所必要时，才能强制许可他人使用。我国专利法中增加涉及半导体技术的发明创造的强制许可问题的特别规定，也是为了更好地与 TRIPs 的上述规定相衔接。

二、按照本条的规定，强制许可涉及的发明创造为半导体技术的，其实施限于以下两种情形：

1. 为了公共利益的目的。

2. 本法第四十八条第（二）项规定的情形，即专利权人行使专利权的行为被依法认定为垄断行为，为消除或者减少该行为对竞争产生的不利影响。

除上述两种情形外，不得对涉及半导体技术的发明专利实施强制许可。

第五十三条 除依照本法第四十八条第(二)项、第五十条规定给予的强制许可外,强制许可的实施应当主要为了供应国内市场。

【释义】 本条是关于有关专利强制许可的实施应当主要为了供应国内市场的规定。

一、本法针对专利实施的强制许可不仅规定了严格的申请条件,同时也对因强制许可的实施而生产的产品的目标市场作了限制性规定,即强制许可的实施应当主要为了供应国内市场。这一规定与TRIPs的规定一致。依据该协定第三十一条的规定,若一成员方的法律允许未经权利人授权而对专利的标的事项作其他使用,包括政府或经政府许可的第三者的使用,任何此类使用之授权均应主要是为供应成员方国内市场。

二、按照这一条的规定,本法第四十八条第(二)项、第五十条规定的专利实施的强制许可并不要求其实施应当主要为了供应国内市场。这也是为了更好地与TRIPs及其修改议定书的有关内容相衔接。本法第四十八条第(二)项是关于为消除、减少垄断行为对竞争产生的不利影响而实施强制许可的规定,本法第五十条是关于制造专利药品并将其出口到符合TRIPs规定国家或者地区的强制许可的规定。

第五十四条 依照本法第四十八条第(一)项、第五十一条规定申请强制许可的单位或者个人应当提供证据,证明其

以合理的条件请求专利权人许可其实施专利，但未能在合理的时间内获得许可。

【释义】 本条是关于申请强制许可的申请人负有提出有关证据的义务的规定。

一、本法第四十八条第（一）项是关于专利权人未实施专利的强制许可的规定，第五十一条是关于对技术互相依存的发明或者实用新型专利给予强制许可的规定。这两种专利实施的强制许可均需由具备实施条件的单位或者个人向国务院专利行政部门提出申请，并经国务院专利行政部门审查后作出决定。为使国务院专利行政部门能对申请人提出的申请是否符合法定条件进行审查，本条规定，申请人必须提供相关的证据，即申请人在向国务院专利行政部门提出专利实施强制许可申请时，应当提出未能以合理条件与专利权人签订实施许可合同的证明。这就要求申请人在向国务院专利行政部门提出申请之前，应当按照平等互利、诚实信用的原则，先与有关的专利权人进行协商。如果能够与专利权人在平等互利、诚实信用等原则下经过充分协商达成专利实施许可合同，不依赖于强制许可，在实施专利的过程中，通常更容易得到专利权人的积极配合，掌握有关实施专利的技术诀窍，有利于保证专利实施的成功。

如果申请人与专利权人就专利实施许可无法达成协议，申请人可以向国务院专利行政部门提出专利实施强制许可的申请，但申请人在提出申请时，必须向国务院专利行政部门提交有关证据，证明其未能以合理条件与专利权人签订专利实施许可合同的情况。至于什么样的条件才算是“合理条件”，包括实施范围的合理、许可使用费的合理等，应由专利行政部门根据不同情况作出判断。

二、除本法第四十八条第（一）项、第五十一条规定的专利实施的强制许可外，本法第四十九条、第五十条规定的专利实施的强制许可由国务院专利行政部门依职权授予，并不需要具备实施条件的单位或者个人向国务院专利行政部门提出申请。本法第四十八条第（二）项规定的专利强制许可尽管也需要由具备实施条件的单位或者个人提出申请，但是，由于专利权人行使专利权的行为已经被依法认定为垄断行为，作为对该垄断行为的一种补救措施，专利强制许可的条件已经具备。因此，本条规定并不要求申请人提供有关证据。只要专利权人行使专利权的行为被依法认定为垄断行为，具备实施条件的单位或者个人即可向国务院专利行政部门给予实施专利强制许可。

第五十五条　国务院专利行政部门作出的给予实施强制许可的决定，应当及时通知专利权人，并予以登记和公告。

给予实施强制许可的决定，应当根据强制许可的理由规定实施的范围和时间。强制许可的理由消除并不再发生时，国务院专利行政部门应当根据专利权人的请求，经审查后作出终止实施强制许可的决定。

【释义】　本条是关于强制许可决定的通知、登记、公告和终止的规定。

一、按照本条第一款的规定，国务院专利行政部门在作出给予专利实施强制许可的决定后，应当将该决定及时通知专利权人。专利实施强制许可决定直接影响专利权人的专有权，涉及专利权人的重大利益，应当让专利权人及时知道这一情况。专利权人也可据此作出必要的安排，包括依照本法第五十七条的规定，与实施强制许可的单位或个人协商，要求其支付合理的使用费。此外，国务院专利行政部门在作出专利实施强制许可的决定后，还应予以登记和公告，以便让公众了解这一情况。

二、按照本条第二款的规定，国务院专利行政部门在作出专利实施强制许可决定时，应当根据强制许可的理由，规定实施的范围和时间。申请人取得专利实施强制许可后，只能在强制许可决定规定的范围和时间内实施专利，而不得超越强制许可决定中规定的范围和时间。

三、专利实施的强制许可是有条件的。这些条件一旦不存在，就应当终止强制许可，以保护专利权人的利益，维护其应有的专有权利。为此，本条第二款中规定，强制许可的理由消除并不再发生时，国务院专利行政部门应当根据专利权人的请求，经审查后作出终止实施强制许可的决定。按照这一规定，终止专利实施的强制许可，应由专利权人提出。专利权人一旦提出终止强制许可的申请，国务院专利行政部门即应进行审查。经审查确认给予专利实施强制许可的理由已消除并不再发生时，即应作出终止实施强制许可的决定。

第五十六条　取得实施强制许可的单位或者个人不享有独占的实施权,并且无权允许他人实施。

【释义】 本条是对依强制许可取得专利实施权的单位或个人权利限制的规定。

取得专利实施强制许可的单位或者个人,享有实施专利的权利。但是,为了合理保护专利权人的利益,对依强制许可取得专利实施权的单位或者个人的权利应当加以限制。依照本条规定,对依强制许可取得专利实施权的单位或者个人权利限制,包括以下两方面:

一、不享有独占实施权。也就是说,取得强制许可实施权的单位或者个人,无权限制专利权人自己或者再许可其他单位、个人实施该项专利。其他单位或者个人无论是通过国家专利行政机关得到强制许可的实施权,还是通过专利权人许可得到的实施权,都受法律保护,取得强制许可的单位或者个人无权加以限制。专利权人在被强制许可某单位或者个人实施自己所有的专利后,仍然有权自己实施该项专利或者自愿许可第三者实施该项专利。强制许可本来就是对专利权人的独占权的一种限制,如果允许取得强制许可实施权的单位或者个人对许可其实施的专利有独占的实施权,与强制许可的目的相悖,对专利权人来说,也是极不公平的,将会从根本上破坏专利制度本身。

二、无权允许他人实施。取得专利实施强制许可的单位或者个人,虽然经国务院专利行政部门的决定取得了实施专利的权利,但是其权利仅是在规定的范围和时间内实施专利。

取得专利实施强制许可的单位或者个人并不是专利权人，他没有权利允许他人实施该项专利。否则，也将损害专利权人的利益，对专利权人来说是不公平的。

第五十七条　取得实施强制许可的单位或者个人应当付给专利权人合理的使用费，或者依照中华人民共和国参加的有关国际条约的规定处理使用费问题。付给使用费的，其数额由双方协商；双方不能达成协议的，由国务院专利行政部门裁决。

【释义】　本条是关于强制许可使用费的规定。

一、专利实施强制许可，目的是为了防止专利权人对其专利技术的不适当垄断，并没有使专利权人失去其专利所有权，这不是专利权的“征用”。因此，在专利实施强制许可的情况下，专利权人仍然享有请求实施其专利的人包括取得强制许可而实施其专利的单位或者个人支付专利使用费的权利。而取得专利实施强制许可的单位或者个人，因实施他人的专利而获得利益，也应当向专利权人支付实施其专利的使用费。

二、按照本条的规定，取得专利实施强制许可的单位或个人向专利权人支付合理的专利使用费数额，或者依照我国参加的有关国际条约的规定处理使用费问题。这里的“有关国际条约”主要是指 TRIPs 及其修改议定书中对药品专利强制许可制度的有关规定。依据 TRIPs 及其修改议定书的规定，出口成员授予一项强制许可，则该成员须依据协定的规定支付适当报酬。若有资格进口的成员对同一产品授予一项强制许可,因其报酬已在有关出口成员支付,该进口成员无须支付使用费。除适用国际条约的规定处理使用费问题的情形外,专利使用费的数额一般应由取得实施强制许可的单位或者个人与专利权人按照公平合理的原则协商确定。双方经过协商,对使用费数额达成一致的,即应按双方协商的数额作为强制许可使用费,由取得实施强制许可的单位或者个人支付给专利权人。如果双方没有就使用费的数额达成一致意见的,应当向国务院专利行政部门提出申请,请求国务院专利行政部门对使用费数额作出裁决,并以裁决的数额作为强制许可使用费,由取得实施强制许可的单位或者个人按此数额支付给专利权人。

第五十八条　专利权人对国务院专利行政部门关于实施强制许可的决定不服的,专利权人和取得实施强制许可的单位或者个人对国务院专利行政部门关于实施强制许可的使用费的裁决不服的,可以自收到通知之日起三个月内向人民法院起诉。

【释义】 本条是关于对国务院专利行政部门作出的有关强制许可的决定不服的诉讼的规定。

一、为了防止不适当的技术垄断,鼓励发明创造的推广应用,促进科学技术的进步和创新,本章对专利实施的强制许可作了规定。同时,考虑到专利权毕竟属于专利权人的民事权利,行政机关虽然可以通过强制许可的形式进行适当干预,但这种干预必须经过严格的程序,符合严格的法定条件,如果国务院专利行政部门作出不符合法定条件的专利实施强制许可决定,势必影响专利权人的合法权益。因此,为了切实保障专利权人的合法权益,本条规定了专利权人对国务院专利行政部门关于实施强制许可的决定不服的,可以自收到通知之日起三个月内向人民法院起诉,为专利权人不服强制许可决定提供了一条司法救济的途径。

二、在专利实施强制许可的情况下,如果专利权人与取得强制许可的单位或者个人就使用费数额无法达成协议的,按照本法第五十七条的规定,由国务院专利行政部门裁决。专利权人或者取得实施强制许可的单位或者个人对国务院专利行政部门关于实施强制许可的使用费的裁决不服的,即不愿接受国务院专利行政部门裁决的数额的,可以自收到通知之日起三个月内向人民法院起诉。

三、国务院专利行政部门关于专利实施强制许可的决定和对强制许可使用费的裁决,都属于行政机关的行政决定。对这两类行政决定不服的,应当以国务院专利行政部门为被告,依照本条和行政诉讼法的规定,向有管辖权的人民法院提起行政诉讼。

第七章　专利权的保护

第五十九条　发明或者实用新型专利权的保护范围以其权利要求的内容为准，说明书及附图可以用于解释权利要求的内容。

外观设计专利权的保护范围以表示在图片或者照片中的该产品的外观设计为准，简要说明可以用于解释图片或者照片所表示的该产品的外观设计。

【释义】 本条是关于专利权保护范围的规定。

一、专利权的保护范围是指发明、实用新型和外观设计专利权的法律效力所及的范围。专利权是一种无形财产权，由法律明确规定专利权的保护范围，划清专利侵权与非侵权的界限，既有利于依法充分保护专利权人的合法权益，又可以避免不适当地扩大专利保护的范围，损害专利权人以外的社会公众的利益。

二、根据本条第一款规定，发明或者实用新型专利权的保护范围，“以其权利要求的内容为准，说明书及附图可以用于解释权利要求的内容”。这一规定包括两层含义：

1. 一项发明创造专利权的保护范围，须以其权利要求的内容为准，即以由专利申请人提出的并经国务院专利行政主管部门批准的权利要求书中所记载的权利要求的内容为准，不小于也不得超出权利要求书中所记载的权利要求内容的范围。

2.说明书及附图对权利要求具有解释的功能，可以作为解释权利要求内容的依据。但是，相对权利要求的内容而言，说明书及附图只具有从属的地位，不能单以其作为发明或者实用新型专利权保护的基本依据，基本依据只能是权利要求的内容。

三、根据本条第二款规定，外观设计专利权的保护范围，“以表示在图片或者照片中的该产品的外观设计为准”。这一规定表明，外观设计专利权的保护范围，以体现该产品外观设计的图片或者照片为基本依据。此外，与发明或者实用新型专利权说明书的功能相同，外观设计专利权的简要说明可以用于解释图片或者照片所表示的该产品的外观设计。外观设计的简要说明相对于外观设计本身而言只具有从属地位，但充分发挥简要说明的作用，对合理界定外观设计的保护范围，规范外观设计专利的侵权判断标准具有重要意义。

第六十条　未经专利权人许可，实施其专利，即侵犯其专利权，引起纠纷的，由当事人协商解决；不愿协商或者协商不成的，专利权人或者利害关系人可以向人民法院起诉，也可以请求管理专利工作的部门处理。管理专利工作的部门处理时，认定侵权行为成立的，可以责令侵权人立即停止侵权行为，当事人不服的，可以自收到处理通知之日起十五日内依照

《中华人民共和国行政诉讼法》向人民法院起诉；侵权人期满不起诉又不停止侵权行为的，管理专利工作的部门可以申请人民法院强制执行。进行处理的管理专利工作的部门应当事人的请求，可以就侵犯专利权的赔偿数额进行调解；调解不成的，当事人可以依照《中华人民共和国民事诉讼法》向人民法院起诉。

【释义】 本条是关于因未经专利权人许可实施其专利而引起纠纷的解决方式的规定。

一、未经专利权人许可实施其专利，是指未经专利权人许可，以生产经营为目的制造、使用、许诺销售、销售、进口其专利产品，或者使用其专利方法以及使用、许诺销售、销售、进口依照该专利方法直接获得的产品的非法行为。

二、未经专利权人许可，实施专利权人的专利，除本法第六十二条规定不构成侵犯专利权的情形和第六十九条规定不视为侵犯专利权的情形外，都属于侵犯专利权的行为。对这种侵权行为引起的纠纷，本条规定了如下处理方式：

1. 协商解决。协商解决是指发生侵权案件以后，双方当事人直接进行磋商，以达成解决争议办法的处理方式。

2. 向人民法院起诉。被侵权人认为他人侵犯其专利权，不愿协商解决或者协商解决不成的，得以侵权人为被告，依照民事诉讼法的规定，提起民事诉讼。关于专利侵权纠纷民事案件的地域管辖，依照民事诉讼法的规定，应由侵权行为地或者被告所在地的人民法院管辖；关于专利侵权纠纷民事案件的级别管辖，按照最高人民法院有关司法解释的规定，专利权属纠纷案件，一般由省、自治区、直辖市人民政府所在地的中级人民法院、经济特区的中级人民法院和经最高人民法院同意的开放城市的中级人民法院作为第一审法院，各省、自治区、直辖市高级人民法院作为第二审法院。被侵权人可以依照法律及最高人民法院的有关司法解释向有管辖权的人民法院提起诉讼。

3. 行政处理。按照本条的规定，专利侵权纠纷的当事人如果不愿直接向人民法院起诉，以“打官司”方式来解决争议的，可以请求管理专利工作的部门处理。在此对本条的这一规定作几点说明：(1)专利侵权纠纷，性质上属于民事纠纷，当事人协商解决不成的，通常应通过司法程序加以解决，而不应由行政机关处理。但我国专利法从我国实际情况出发，规定当事人也可以请求专利行政机关进行处理。这对于发挥专利行政机关业务熟悉、处理程序简便的优势，减少专利诉讼案件，方便当事人，是有利的。但是，究竟是直接向人民法院起诉，还是请求管理专利工作的部门处理，采用哪种方式对自己比较有利，要由当事人自己来判断，选择权在当事人，或者说是在被侵权人。管理专利工作的部门只能根据有关当事人的请求进行处理，当事人没有请求管理专利工作的部门处理的，管理专利工作的部门不能主动进行处理。(2)可以作出本条规定的处理的机关，为“管理专利工作的部门”，按照本法第三条第二款的规定，应是指省、自治区、直辖市人民政府管理专利工作的部门。(3)管理专利工作的部门对专利侵权纠纷进行处理的依据，是法律的有关规定；进行处理的内容，主要是对是否构成侵权进行认定,并对认定为侵权的行为进行处理,即按照本条的规定,责令侵权人立即停止侵权行为。(4)管理专利工作的部门依照本条规定作出的处理,属于行政处理,具有强制执行力。如果侵权人既不停止侵权行为,又不在规定的期限内向法院起诉,作出处理的管理专利工作的部门可以申请人民法院强制执行。(5)由于这一处理的性质属于行政处理,当事人对管理专利工作的部门作出的处理决定不服的,可以自接到处理通知之日起十五日内,依照行政诉讼法的规定,以作出处理的管理专利工作的部门为被告,向人民法院提起行政诉讼。超过十五日的,除有法定事由外,人民法院将不予受理。

4.行政调解。依照本条的规定,进行调解的机关,应是对专利侵权纠纷作出行政处理的同一个管理专利工作的部门;调解的内容,是侵犯专利权的赔偿数额;调解只能应当事人的请求进行;这种调解属于行政机关对当事人之间的民事纠纷作出的民事调解,不是行政处理,应由当事人自愿履行,调解不成或者达成调解协议后又反悔的,有关当事人可以依照民事诉讼法的规定,以对方当事人为被告向人民法院提起民事诉讼。

第六十一条　专利侵权纠纷涉及新产品制造方法的发明专利的,制造同样产品的单位或者个人应当提供其产品制造方法不同于专利方法的证明。

专利侵权纠纷涉及实用新型专利或者外观设计专利的,

人民法院或者管理专利工作的部门可以要求专利权人或者利害关系人出具由国务院专利行政部门对相关实用新型或者外观设计进行检索、分析和评价后作出的专利权评价报告，作为审理、处理专利侵权纠纷的证据。

【释义】 本条是关于专利侵权纠纷中证据提供问题的规定。

一、按照本条第一款的规定，专利侵权纠纷涉及新产品制造方法的发明专利的，制造同样产品的单位或者个人应当提供其产品制造方法不同于专利方法的证明。按照这一规定，涉及本条规定的专利侵权诉讼中的举证责任，应由被诉侵权的人即被告来承担。被诉侵权的人不能提供其同样产品的制造方法不同于专利方法的充分证据的，推定其使用了专利权人的发明专利，构成了对专利权的侵犯，应当依法承担侵权损害赔偿责任。

二、按照本条第二款的规定，涉及实用新型或者外观设计专利的，人民法院或者管理专利工作的部门可以要求专利权人或者利害关系人出具由国务院专利行政部门作出的专利权评价报告。专利权评价报告是由国务院专利行政部门对专利权进行检索、分析和评价后得出的书面结论。之所以要求专利权人或者利害关系人提供专利权评价报告，是因为国务院专利行政部门对实用新型和外观设计专利申请只进行形式审查。在发生专利权纠纷时，由国务院专利行政部门对实用新型和外观设计专利权出具评价报告，有利于处理专利纠纷的人民法院或者管理专利工作的部门准确认定事实，对是否构成侵权作出判断,依法公正处理纠纷。

第六十二条 在专利侵权纠纷中,被控侵权人有证据证明其实施的技术或者设计属于现有技术或者现有设计的,不构成侵犯专利权。

【释义】 本条是关于专利侵权纠纷中现有技术抗辩权的规定。

一、根据修改前的专利法有关条文的规定和实践中的做法,在专利侵权案件中,被控侵权人如果要证明自己的行为不是侵权行为,途径之一是向专利复审委员会提出专利无效宣告申请;在专利复审委员会宣告专利权无效后,处理专利侵权纠纷的部门可以认定被控侵权人的行为不构成侵犯专利权。这一过程往往程序复杂,耗时长。为防止恶意利用已经公知的现有技术申请专利,阻碍现有技术实施,帮助现有技术实施人及时从专利侵权纠纷中摆脱出来,这次修改专利法增加规定了关于现有技术抗辩权的规定。

二、根据本条规定,在专利侵权纠纷中,如果被控侵权人有证据证明其实施的技术或者设计属于现有技术或者现有设计的,其无须向专利复审委员会提出无效宣告申请,要求专利复审委确认案件中涉及的专利权是否有效。处理专利侵权纠纷的部门一旦认定被控侵权人实施的技术或者设计属于现有技术或者现有设计的,即可以直接认定被控侵权人不侵权。按照本法第二十二条和第二十三条的定义,这里所说的“现有技术或者现有设计”是指在国内外为公众所知的技术或者设计。需要注意的是,处理专利侵权纠纷的部门的这一认定只是确定被控侵权人的行为是否侵犯专利权,而不是对专利权是否有效的认定。要否认专利权的有效性,依然要通过专利无效宣告程序来确认。

第六十三条　假冒专利的,除依法承担民事责任外,由管理专利工作的部门责令改正并予公告,没收违法所得,可以并处违法所得四倍以下的罚款;没有违法所得的,可以处二十万元以下的罚款;构成犯罪的,依法追究刑事责任。

【释义】　本条是关于假冒专利应承担的法律责任的规定。

一、本条所称假冒专利,包括假冒他人专利的行为和以非专利产品冒充专利产品、以非专利方法冒充专利方法的行为。其中,假冒他人专利的行为主要包括:(1)未经许可,在其制造或者销售的产品、产品的包装上标注他人的专利号;(2)未经许可,在广告或者其他宣传材料中使用他人的专利号,使人将所涉及的技术误认为是他人的专利技术;(3)未经许可,在合同中使用他人的专利号,使人将合同涉及的技术误认为是他人的专利技术;(4)伪造或者变造他人的专利证书、专利文件或者专利申请文件。以非专利产品冒充专利产品、以非专利方法冒充专利方法的行为主要包括:(1)制造或者销售标有专利标记的非专利产品;(2)专利权被宣告无效后,继续在制造或者销售的产品上标注专利标记;(3)在广告或者其他宣传材料中将非专利技术称为专利技术;(4)在合同中将非专利技术称为专利技术;(5)伪造或者变造专利证书、专利文件或者专利申请文件。

假冒专利行为的不良后果:一是侵犯了专利权人的合法权益;二是欺骗了广大的消费者;三是扰乱了国家正常的专利管理秩序。因此,对假冒专利行为,应当依法追究其法律责任。

本条内容在这次修改专利法前是作为两条加以规定的,即对假冒他人专利的行为和冒充专利的行为分别规定了法律责任。这次修改专利法时,考虑到假冒他人专利和冒充专利的行为本质上都是假冒专利的行为,侵害的客体都是国家的专利管理秩序,以一并规定,适用相同的处罚标准为妥。据此,将这两条内容合并为一条。

二、根据本条规定,假冒专利应承担下述法律责任:

1. 民事责任。假冒专利,同时又构成侵犯他人专利权的,应依法承担侵权损害的民事责任。

2. 行政责任。一是责令假冒者改正并予公告,即由管理专利工作的部门要求违法行为人立即停止假冒专利的行为;同时对违法行为人的假冒专利行为及责令其改正的决定予以公告。二是没收违法所得。三是可以并处罚款。其中对有违法所得的,除没收违法所得外,由管理专利工作的部门根据具体的情况作出是否处以罚款的决定。为了更加有效地制止假冒专利行为,修正后的专利法提高了行政处罚的力度,针对有违法所得的情形,将罚款数额的上限由原专利法规定的违法所得的三倍提高至四倍;同时,针对没有违法所得的情况,也将罚款数额的上限由五万提高至二十万。对没有违法所得的假冒专利行为，规定管理专利工作的部门根据具体情况作出罚款决定的，其罚款数额为二十万元以下。

3. 刑事责任。即“构成犯罪的，依法追究刑事责任”。根据刑法第二百一十六条的规定，“假冒他人专利，情节严重的，处三年以下有期徒刑或者拘役，并处或者单处罚金”。

第六十四条　管理专利工作的部门根据已经取得的证据，对涉嫌假冒专利行为进行查处时，可以询问有关当事人，调查与涉嫌违法行为有关的情况；对当事人涉嫌违法行为的场所实施现场检查；查阅、复制与涉嫌违法行为有关的合同、发票、账簿以及其他有关资料；检查与涉嫌违法行为有关的产品，对有证据证明是假冒专利的产品，可以查封或者扣押。

管理专利工作的部门依法行使前款规定的职权时，当事人应当予以协助、配合，不得拒绝、阻挠。

【释义】　本条是关于管理专利工作的部门对涉嫌假冒专利行为进行查处时，可采取的检查、调查措施的规定。

一、根据本条第一款的规定，管理专利工作的部门在对涉嫌假冒专利行为进行查处时，可采取下列措施：

1. 询问调查。即询问有关当事人，调查与涉嫌违法行为有关的情况。管理专利工作的部门开展调查时，可以到有关当事人的住所、工作场所、生产经营场所对该当事人进行询问，或者责令有关当事人到指定场所接受询问，要求当事人将其知道的事实如实向管理专利工作的部门提供，以调查与涉嫌违法行为有关的情况。询问应当制作询问笔录,并由询问人和被询问人签名或者盖章。询问不限于直接涉嫌违法行为的人员,也包括与涉嫌违法行为有关的其他人。询问当事人不得限制或者变相限制被询问人的人身自由。

2. 现场检查。即对当事人涉嫌从事假冒专利行为的场所实施现场检查。当事人涉嫌从事假冒专利行为的场所,包括涉嫌假冒专利产品的生产加工场所、经营场所等。管理专利工作的部门可以派人进入上述场所并进行检查,以查明事实,掌握证据。对于与当事人的假冒专利行为无关的住所及其他场所,不得实施现场检查。

3. 查阅、复制有关资料。即查阅、复制与涉嫌违法行为有关的合同、发票、账簿以及其他有关资料。合同、发票、账簿及其他有关资料,是记录经济活动的证据。通过查阅、复制这些资料,以查证当事人是否实施了假冒专利的行为,其行为的性质、情节轻重、危害后果如何,从而为管理专利工作的部门依法作出处罚决定提供依据。本条赋予管理专利工作的部门查阅、复制与涉嫌违法行为有关的合同、发票、账簿以及其他有关资料的权力。

4. 检查与涉嫌违法行为有关的产品,对有证据证明是假冒专利的产品,可以查封或者扣押。所谓查封,是指管理专利工作的部门采取张贴封条或者其他必要措施,将假冒专利产品就地予以封存;未经许可,任何单位或者个人不得启封、转移或者动用。所谓扣押,是指管理专利工作的部门将假冒专利产品移至他处予以扣留封存。这里需要指出的是,采取查封、扣押措施对当事人的影响很大,管理专利工作的部门在决定采取这一措施时一定要慎重,必须在有证据证明是假冒专利的产品的情况下,才能采取这一措施,不能凭主观猜测或者仅凭他人举报就采取这一措施。在采取查封、扣押措施后,管理专利工作的部门应当及时进行检验或者鉴定,根据检验、鉴定结果及时作出进一步的处理。发现采取查封、扣押措施不当的,应当立即解除查封、扣押措施。

二、根据本条第二款的规定,管理专利工作的部门依法行使本条第一款规定的职权时,当事人应当予以协助、配合,不得拒绝、阻挠。管理专利工作的部门依法行使职权受法律保护,有关当事人应当予以协助、配合,接受询问调查,如实提供有关情况和资料,配合管理专利工作的部门检查有关场所和产品以及查阅、复制有关资料,不得以任何理由拒绝,甚至以暴力、威胁或者其他手段阻挠管理专利工作的部门依法行使职权。

第六十五条　侵犯专利权的赔偿数额按照权利人因被侵权所受到的实际损失确定;实际损失难以确定的,可以按照侵权人因侵权所获得的利益确定。权利人的损失或者侵权人获得的利益难以确定的,参照该专利许可使用费的倍数合理确定。赔偿数额还应当包括权利人为制止侵权行为所支付的合理开支。

权利人的损失、侵权人获得的利益和专利许可使用费均难以确定的,人民法院可以根据专利权的类型、侵权行为的性

质和情节等因素，确定给予一万元以上一百万元以下的赔偿。

【释义】 本条是关于侵犯专利权赔偿数额计算方法的规定。

一、对于人民法院在审理专利侵权纠纷案件时，或者管理专利工作的部门应当事人的请求对侵犯专利权的赔偿数额进行调解时，应当如何确定侵权损害赔偿的数额，本条规定了四种计算方法：

1. 按照权利人因被侵权所受到的实际损失确定。因侵权人的侵权产品（包括使用他人专利方法生产的产品）在市场上销售，使专利权人的专利产品的销售量下降，其销售量减少的总数乘以每件专利产品的利润所得之积，即为专利权人的实际损失。

2. 按照侵权人因侵权所获得的利益确定。侵权人因侵权所获得的利益，可以根据该侵权产品在市场上销售的总数乘以每件侵权产品的合理利润所得之积计算，合理利润一般按照侵权人的营业利润计算，对于完全以侵权为业的侵权人，可以按照销售利润计算。

3. 参照该专利许可使用费的倍数合理确定。这里讲的“专利许可使用费”，应是指普通专利许可使用的使用费。至于“倍数”的具体数额，本法未作具体规定。需要由人民法院或者管理专利工作的部门根据案件的具体情况，按照能够使专利权人因侵权行为受到的实际损失得到充分的赔偿，使侵权人不能因侵权行为得到任何好处的原则，合理确定。

4. 人民法院可酌情判决给予法定数额的赔偿。有些专利侵权案件,难以取得充分的证据证明权利人因被侵权所受损失、侵权人因侵权所得利益以及该项专利的许可使用费。在这种情况下,人民法院可以根据专利权的类型、侵权行为的性质和情节等因素酌情判决给予权利人一万元至一百万元的赔偿。这里所说的侵权行为的性质和情节,包括侵权人的主观过错程度、使用的侵权手段和方式、侵权行为持续的时间、给权利人造成的损害程度等。

法定赔偿额的规定是这次修改专利法新增加的规定,主要是考虑到专利权作为无形财产权,发生纠纷后,其权利人的损失或侵权人非法获得的利益有时难以确定,也没有许可使用费可参照或者参照许可使用费明显不合理。增加这一规定可以解决实践中出现的问题,提高对专利权司法保护的效率。

二、在确定专利侵权赔偿数额时,应依次使用上述计算方法。即首先应当按照权利人因被侵权所受到的实际损失确定赔偿数额;如实际损失难以确定,按照侵权人因侵权所获得的利益确定确定赔偿数额;如侵权人所获利益难以确定,参照该专利许可使用费的倍数合理确定赔偿数额;如上述几项均难以确定,人民法院可以酌情判决给予权利人法定数额的赔偿。

三、从专利保护工作的实践来看,如果专利权人维权的成本得不到赔偿,就不能弥补权利人因侵权所受到的损失,因此,这次修改专利法专门增加规定:在根据上述第一、第二和第三种方法计算侵权损害赔偿的数额时,还应当将权利人为制止侵权行为所支付的合理开支计算在内，如权利人为调查侵权情况所支出的合理费用、聘请律师的合理费用等，以从经济上维护专利权人为维护权利所付出的代价，提高专利权人维权的积极性。这一规定，也是与TRIPs的有关规定一致的。TRIPs规定，损害赔偿费应当足以弥补因侵犯知识产权给权利人造成的损失，司法当局有权责令侵权人向权利持有人支付其开支。

四、本条规定的计算方法，主要是供人民法院在审理专利侵权纠纷案件及管理专利工作的部门对专利侵权赔偿额进行调解时适用。如果当事人双方自愿商定用其他计算方法确定损失赔偿额的，只要是公平合理的，人民法院或者管理专利工作的部门都应当准许。

第六十六条　专利权人或者利害关系人有证据证明他人正在实施或者即将实施侵犯专利权的行为，如不及时制止将会使其合法权益受到难以弥补的损害的，可以在起诉前向人民法院申请采取责令停止有关行为的措施。

申请人提出申请时，应当提供担保；不提供担保的，驳回申请。

人民法院应当自接受申请之时起四十八小时内作出裁定；有特殊情况需要延长的，可以延长四十八小时。裁定责令停止有关行为的，应当立即执行。当事人对裁定不服的，可以申请复议一次；复议期间不停止裁定的执行。

申请人自人民法院采取责令停止有关行为的措施之日起

十五日内不起诉的，人民法院应当解除该措施。

申请有错误的，申请人应当赔偿被申请人因停止有关行为所遭受的损失。

【释义】 本条是关于专利权人或者利害关系人就可能对其造成重大损害的即发侵权行为可以在起诉前申请人民法院采取临时措施的规定。

一、TRIPs 规定，司法当局应有权决定及时、有效的临时措施：阻止任何对知识产权侵权行为的发生，保护关于被断言的侵权行为的有关证据；在适当的情况下，特别是在任何延迟可能会给权利人带来不可弥补的损害或证据极有毁灭危险的情况下，司法当局有权采取适当的措施；司法当局应要求申诉人提供足以保护被告和防止滥用的保证金或同等的担保；若临时措施被撤销，或由于申诉人的任何作为或疏忽而失效，或随后发现对知识产权的侵犯或侵犯的威胁并不存在，则应被告知请求，司法当局应有权令申诉人就由这些措施对被告造成的任何损害向被告提供适当的赔偿。为了加强对专利权的保护，并与 TRIPs 的规定相衔接，本条对专利权人或者利害关系人就可能对其造成重大损害的即发侵权行为在起诉前申请法院责令停止有关行为进行了规定。

二、根据本条规定，申请诉前禁令的主体限于专利权人和利害关系人（如与专利权人订立了专利实施许可合同的被许可人）；申请诉前禁令的条件有二：一是专利权人或者利害关系人有证据证明他人正在实施或者即将实施侵犯专利权的行为；二是专利权人或者利害关系人有证据证明如不及时制止该行为将会使其合法权益受到难以弥补的损害。

三、本条第二、三、四、五款对在起诉前申请人民法院采取临时措施的程序等作了具体规定：

1. 申请人提出申请应当提供担保，不提供担保的，人民法院将驳回其申请。要求申请人提供担保是为防止申请人恶意提出申请，保护被申请执行人的利益。

2. 人民法院应当自接受申请之时起四十八小时内作出裁定，有特殊情况需要延长的，可以延长四十八小时。有些专利侵权纠纷情况复杂，人民法院作出裁定需要较长时间。这次修改专利法，考虑到司法实践的需要，增加了"有特殊情况需要延长的，可以延长四十八小时"的规定。

3. 裁定责令停止有关行为的，应当立即执行。

4. 当事人对裁定不服的，可以申请复议一次；复议期间不停止裁定的执行。

5. 申请人自人民法院采取责令停止有关行为的措施之日起十五日内不起诉的，人民法院应当解除该措施。

6. 申请有错误的，申请人应当赔偿被申请人因停止有关行为所遭受的损失。

第六十七条　为了制止专利侵权行为，在证据可能灭失或者以后难以取得的情况下，专利权人或者利害关系人可以在起诉前向人民法院申请保全证据。

人民法院采取保全措施，可以责令申请人提供担保；申请人不提供担保的，驳回申请。

人民法院应当自接受申请之时起四十八小时内作出裁定；裁定采取保全措施的，应当立即执行。

申请人自人民法院采取保全措施之日起十五日内不起诉的，人民法院应当解除该措施。

【释义】 本条是关于专利权人或者利害关系人可以在起诉前申请保全证据的规定。

一、为了加强对专利权的保护，防止侵权人在专利权人起诉前转移、毁灭证据，并与 TRIPs 关于临时措施的规定相衔接，这次修改专利法增加了专利权人或者利害关系人可以在起诉前向人民法院申请保全证据的内容。

二、根据本条规定，申请诉前证据保全的主体限于专利权人和利害关系人；申请诉前证据保全的条件有二：一是为了制止专利侵权行为，二是证据可能灭失或者以后难以取得。

三、关于申请诉前证据保全的程序性规定是：

1. 人民法院采取保全措施，可以责令申请人提供担保；申请人不提供担保的，驳回申请。与申请诉前禁令不同的是，申请人申请诉前证据保全是否须提供担保由人民法院决定。

2. 人民法院应当自接受申请之时起四十八小时内作出裁定。

3. 裁定采取保全措施的，应当立即执行。

4. 申请人自人民法院采取保全措施之日起十五日内不起诉的，人民法院应当解除该措施。

第六十八条　侵犯专利权的诉讼时效为二年，自专利权

人或者利害关系人得知或者应当得知侵权行为之日起计算。

发明专利申请公布后至专利权授予前使用该发明未支付适当使用费的，专利权人要求支付使用费的诉讼时效为二年，自专利权人得知或者应当得知他人使用其发明之日起计算，但是，专利权人于专利权授予之日前即已得知或者应当得知的，自专利权授予之日起计算。

【释义】 本条是关于侵犯专利权的诉讼时效和要求支付临时保护期使用费的诉讼时效的规定。

一、诉讼时效是指请求人民法院保护自己合法权益的法定的有效期限。在法定的有效期限内，人民法院对当事人的请求权予以保护；超过法定的有效期限的，人民法院对当事人的请求权不予保护。根据本条的规定，侵犯专利权的诉讼时效和专利权人要求支付临时保护期内使用费的诉讼时效均为两年；两年的起算日期均为当事人知道或者应当知道其权益受到损害之时，但是关于临时保护期内使用费的诉讼时效，如果专利权人于专利权授予之日前即已得知或者应当得知的，自专利权授予之日起计算。

二、除了本条规定的时效期间外，其他应执行民法通则的规定，比如民法通则关于诉讼时效的中止、中断与延长的规定应予适用。此外，根据民法通则第一百三十八条的规定，超过诉讼时效期间，侵害人自愿履行的，不受本法规定的时间限制。也就是说，过了诉讼时效期间，义务人履行义务后，又以超过诉讼时效为由反悔的，法律不予支持。

第六十九条　有下列情形之一的，不视为侵犯专利权：

（一）专利产品或者依照专利方法直接获得的产品，由专利权人或者经其许可的单位、个人售出后，使用、许诺销售、销售、进口该产品的；

（二）在专利申请日前已经制造相同产品、使用相同方法或者已经作好制造、使用的必要准备，并且仅在原有范围内继续制造、使用的；

（三）临时通过中国领陆、领水、领空的外国运输工具，依照其所属国同中国签订的协议或者共同参加的国际条约，或者依照互惠原则，为运输工具自身需要而在其装置和设备中使用有关专利的；

（四）专为科学研究和实验而使用有关专利的；

（五）为提供行政审批所需要的信息，制造、使用、进口专利药品或者专利医疗器械的，以及专门为其制造、进口专利药品或者专利医疗器械的。

【释义】　本条是关于不视为侵犯专利权的几种情况的规定。

一、按照专利权的独占性质，未经专利权人的许可，实施其专利的，应属于侵犯专利权的行为。但按照法律的规定，在某些情况下，虽未经专利权人许可而实施其专利的，法律上不认为是侵犯专利权的行为，即“不视为”侵犯专利权。法律上这种不视为侵犯专利权的规定，是对专利权的一种限制性规定，目的是在合理保护专利权人合法权益的前提下，同时保护社会及公众的利益。

二、依照本条规定,不视为侵犯专利权的情形包括:

1."专利产品或者依照专利方法直接获得的产品,由专利权人或者经其许可的单位、个人售出后,使用、许诺销售、销售、进口该产品的",不视为侵犯专利权。专利权人对其专利具有独占权,但其专利产品在合法售出(包括专利权人自己售出或者经专利权人许可的人售出)后,专利权权利即为用尽,对这些产品的使用、许诺销售、销售等行为不再需要经过专利权人的许可,购买者可自由处置。这是对专利权的一种合理限制,目的是防止专利产品在市场上的流通和使用受到限制,以维护正常的经济秩序。

此次修改专利法增加了"专利产品合法售出后,进口该产品不视为侵犯专利权"的规定,即允许"平行进口"的规定。"平行进口"与专利权权利用尽紧密相关。专利权权利用尽包括"国内用尽"、"地区用尽"和"国际用尽"。"国内用尽"是指专利产品在被授予专利权的国家合法售出后,购买者对该专利产品在该国有自由处置的权利。"地区用尽"是指专利产品在该区域被授予专利权的一个国家合法售出后,购买者对该专利产品在该区域内具有自由处置的权利,但是在区域之外合法售出的专利产品,未经专利权人许可而进口到区域之内的成员国,专利权人仍有权禁止。这一原则适用于欧盟地区。"国际用尽"是指专利产品在被授予专利权的一个国家合法售出的,购买者对该专利产品在任何国家具有自由处置的权利。根据"国际用尽"的原则,将合法售出的专利产品进口到专利权人取得专利权的其他国家,无须经过该专利权人的同意,这通常被称为允许“平行进口”(所谓“平行”是指他人的这种不需要经过专利权人同意的进口权与专利权人的进口权并存)。专利法增加允许“平行进口”的规定,符合我国的实际情况。

2. 他人“在专利申请日前已经制造相同产品、使用相同方法或者已经作好制造、使用的必要准备,并且仅在原有范围内继续制造、使用的”,不视为侵犯专利权。这种情况下称为“先用权人的实施权”。先用权是对专利权的又一种限制,这种限制可以消除实际生活中存在的已经投入人力、物力完成的发明创造的单位或者个人,因没有先申请专利而带来的不能再实施自己的智力成果的不“公平”结果。但是,需要说明的是,先用权人不视为侵犯专利权的行为,只限于在原有的范围内继续制造和使用。超过原有的范围内制造和使用的,则属于侵犯专利权的行为。

3. “临时通过中国领土、领水、领空的外国运输工具,依照其所属国同中国签订的协议或者共同参加的国际条约,或者依照互惠原则,为运输工具自身需要而在其装置和设备中使用有关专利的”,不视为侵犯专利权。对专利权的这一限制,是为了保证国际交通的国际惯例,在巴黎公约中对此作了明确规定。该公约第五条之三明确规定,在本联盟任何国家内,下列情况不应认为是侵犯专利权人的权利:(1)本联盟其他国家的船舶暂时或偶然地进入上述国家的领水时,在该船的船身、机器、滑车装置、传动装置及其他附件上使用构成专利主题的装置设备,但以专为该船的需要而使用这些装置设备为限；(2)本联盟其他国家的飞机或陆上车辆暂时或偶然地进入上述国家时，在该飞机或陆地上车辆的构造或操纵中，或者在该飞机或陆地上车辆附件的构造或操纵中使用构成专利主题的装置设备。

4.“专为科学研究和实验而使用有关专利的”，不视为侵犯专利权。其目的是为了鼓励进行科学技术研究。但限于“专为”进行科学研究和科学实验，即仅限于不是为了生产经营，不以营利为目的的科研活动。

5.“为提供行政审批所需要的信息，制造、使用、进口专利药品或者专利医疗器械的，以及专门为其制造、进口专利药品或者专利医疗器械的”，不视为侵犯专利权。药品或医疗器械关系到公众健康，各国对其投放市场都实行严格的审批制度，且审批时间较长。为了通过审批，生产厂家要进行研究、分析和临床实验等一系列活动，以取得审批需要的数据和其他信息。对获得专利的药品和医疗器械，仿制企业(非专利权人)为了在专利权保护期届满后及时推出仿制品，往往需要在专利有效期内制造、使用或进口这些药品或器械，以从事研究、分析等活动，提前获得审批需要的数据和信息。这就必须获得专利权人的许可并支付专利使用费，否则将会构成侵权。如果等到专利权保护期届满后再进行制造等行为，其产品上市就要在专利权保护期届满后一段时间，而这段时间仿制药品和医疗器械不能投放市场，在客观上延长了专利的保护期限。为解决这一问题，专利法增加了关于仿制药不视为侵犯专利权的规定，即为提供行政审批所需要的信息，在专利保护期内制造、使用、进口专利药品或者专利医疗器械的行为，和在专利保护期内专门为其制造、进口专利药品或者专利医疗器械的行为，不视为侵犯专利权，以使仿制药品和医疗器械能够在专利权保护期届满后及时投放市场，社会公众在药品和医疗器械专利保护期满后及时获得价格低廉的药品和医疗器械。

第七十条　为生产经营目的使用、许诺销售或者销售不知道是未经专利权人许可而制造并售出的专利侵权产品，能证明该产品合法来源的，不承担赔偿责任。

【释义】　本条是关于非恶意的专利侵权行为不承担赔偿责任的规定。

为生产经营目的使用、许诺销售或者销售不知道是未经专利权人许可而制造并售出的专利侵权产品并能证明该产品合法来源的行为，本属于侵权行为，但考虑到这种行为属于非恶意行为，故规定不承担“赔偿责任”。依照本条规定，不承担赔偿责任的侵权人，应当能够证明：第一，本人确实不知道自己使用、许诺销售或者销售的产品是专利侵权产品；第二，该产品有合法来源。应当注意的是，本条规定的情形，仍属于侵犯专利权的行为，法律上只是因其善意行为而免予承担赔偿责任。此时侵权人应当立即停止侵权行为，否则就构成故意侵权，应当依法承担侵犯他人专利权的责任。

第七十一条　违反本法第二十条规定向外国申请专利，

泄露国家秘密的,由所在单位或者上级主管机关给予行政处分;构成犯罪的,依法追究刑事责任。

【释义】 本条是关于违反本法规定向外国申请专利泄露国家秘密应承担的法律责任的规定。

一、本法第二十条规定,任何单位或者个人将在中国完成的发明或者实用新型向外国申请专利或者提出专利国际申请的,应当事先报经国务院专利行政部门进行保密审查。本法第四条规定,申请专利的发明创造涉及国家安全或者重大利益需要保密的,按照国家有关规定办理。根据上述规定,任何单位或者个人将在中国完成的发明或者实用新型向外国申请专利的,必须事先经国务院专利行政部门进行保密审查,经审查如发现向外国申请专利的发明创造涉及国家安全或者重大利益需要保密的,则按照《中华人民共和国保守国家秘密法》(以下简称保密法)等有关规定办理,以维护国家安全和利益。申请人违反上述规定,导致泄露国家秘密的,须依法承担相应的法律责任。

二、根据保密法的有关规定,国家秘密是关系国家的安全和利益,依照法定程序确定,在一定时间内只限一定范围的人员知悉的事项。根据本条规定,违反本法第二十条规定向外国申请专利,泄露国家秘密的,由所在单位或者上级主管机关给予行政处分。根据保密法的规定,凡泄露国家秘密尚不够刑事处罚的,有关机关、单位应当依照规定并根据被泄露事项的密级和行为的具体情节,给予行政处分;其中对有下列情形之一的,应当从重给予行政处分:泄露国家秘密已造成损害后果的；以谋取私利为目的泄露国家秘密的；泄露国家秘密危害不大但次数较多或者数量较大的；利用职权强制他人违反保密规定的。因泄露国家秘密所获取的非法收入，应当予以没收并上缴国库。

三、根据本条规定，违反本法第二十条规定向外国申请专利，泄露国家秘密，构成犯罪的，依法追究刑事责任。根据刑法第三百九十八条的规定："国家机关工作人员违反保守国家秘密法的规定，故意或者过失泄露国家秘密，情节严重的，处三年以下有期徒刑或者拘役；情节特别严重的，处三年以上七年以下有期徒刑。""非国家机关工作人员犯前款罪的，依照前款的规定酌情处罚。"

第七十二条　侵夺发明人或者设计人的非职务发明创造专利申请权和本法规定的其他权益的，由所在单位或者上级主管机关给予行政处分。

【释义】　本条是关于侵夺发明人或者设计人的非职务发明创造专利申请权和本法规定的其他权益应承担的法律责任的规定。

一、根据本法第六条第二款关于"非职务发明创造，申请专利的权利属于发明人或者设计人；申请被批准后，该发明人或者设计人为专利权人"的规定，非职务发明创造的发明人或者设计人依法享有申请专利和取得专利权的权利。非职务发明创造的发明人或者设计人在依法取得专利后，同职务发明创造的专利权人一样，对其专利享有专有权，可以自己实施，也可以许可他人实施并获得报酬，也有权转让其专利权并取得转让费，等等。对非职务发明创造的发明人、设计人的这些法定权利，任何单位或者个人，包括发明人、设计人所隶属的单位及单位领导人，都不能予以侵夺。

二、侵夺发明人或者设计人的非职务发明创造专利申请权和本法规定的其他权益的，在实践中可能有多种表现，比如，发明人、设计人所在的单位强行要求发明人、设计人将其非职务发明创造作为职务发明创造，只能以单位的名义申请专利，不允许发明人、设计人自己申请专利；或者以不合理的条件，不顾发明人、设计人的意愿，强行要求实施其非职务发明专利；或者强行要求非职务发明人、设计人将其非职务发明创造专利转让给本单位，等等。对这种侵夺非职务发明创造的发明人、设计人合法权益的行为，必须依法追究法律责任。

三、依照本条规定，侵夺发明人或者设计人的非职务发明创造专利申请权和本法规定的其他权益的，应由侵夺人所在的单位或者侵夺人所在单位的上级主管机关（如果是单位负责人决定的行为，则应由所在单位的上级主管机关处理）依照本法、行政监察法等有关法律、行政法规的规定，对责任人根据具体情况给予行政处分，包括警告、记过、记大过、降级、撤职或者开除等。

第七十三条　管理专利工作的部门不得参与向社会推荐专利产品等经营活动。

管理专利工作的部门违反前款规定的，由其上级机关或者监察机关责令改正，消除影响，有违法收入的予以没收；情节严重的，对直接负责的主管人员和其他直接责任人员依法给予行政处分。

【释义】 本条是关于禁止管理专利工作的部门参与向社会推荐专利产品等经营活动，以及违反这一规定应承担的法律责任的规定。

一、管理专利工作的部门作为依法对专利工作实施行政管理的国家机关，应当依法公正地履行对专利工作的行政管理职责，依法查处违反专利法的行为，保护专利权人的合法权益和社会公共利益。专利产品的好坏，应当由市场和消费者来判断，不应由某个国家机关来确定、推荐，否则，可能影响市场上的公平竞争。至于管理专利工作的部门以其他方式参与专利产品的经营活动，更与管理专利工作部门的性质不符，损害国家机关的形象，影响管理专利工作的客观、公正性，还可能产生腐败行为。为此，本条第一款明确规定，禁止管理专利工作的部门参与向社会推荐专利产品等经营活动。对违反者将依法追究其法律责任。这里需要说明的是，本条的规定，并不影响管理专利工作的部门通过举行专利技术成果展览会或其他方式，无偿向社会宣传推荐优秀的专利技术成果。这是管理专利工作的部门可以而且应当做的工作。

二、根据本条第二款规定，管理专利工作的部门参与向社会推荐专利产品等经营活动应承担下述法律责任：

1. 责令改正，消除影响，没收违法收入。即由管理专利工作的部门的上级机关或者监察机关要求违法单位及其相关人员停止自己的行为，收回自己已经作出的推荐文件或者口头要求，消除产生的不良影响。如果管理专利工作的部门及其相关人员有违法收入的，该违法收入由上级机关或者监察机关予以没收，没收的非法收入应按规定上缴财政。

2. 行政处分。如果管理专利工作的部门违法参与推荐专利产品等经营活动，情节严重，造成恶劣影响的，应依照行政监察法、公务员法等法律、行政法规的规定，对直接负责的主管人员和其他直接责任人员分别情节，给予警告、记过、记大过、降级、撤职或者开除的行政处分。

第七十四条　从事专利管理工作的国家机关工作人员以及其他有关国家机关工作人员玩忽职守、滥用职权、徇私舞弊，构成犯罪的，依法追究刑事责任；尚不构成犯罪的，依法给予行政处分。

【释义】　本条是关于从事专利管理工作的国家机关工作人员以及其他有关国家机关工作人员对自己的渎职行为应承担的法律责任的规定。

一、忠于职守、严格依法办事是本法对“从事专利管理工作的国家机关工作人员以及其他有关国家机关工作人员”的基本要求。这些人员代表国家行使监督管理权，其行使职权时必须依照本法和其他有关法律、行政法规的规定进行。对有玩忽职守、滥用职权、徇私舞弊的渎职行为的，应依法追究其法律责任。

二、本条所讲玩忽职守，是指从事专利管理工作的国家机关工作人员以及其他有关国家机关工作人员在专利管理工作中不依法履行其法定职责，致使公共财产、国家和人民利益遭受重大损失的行为。本条所讲滥用职权，是指从事专利管理工作的国家机关工作人员以及其他有关国家机关工作人员违反法律、法规的规定或者超越法定的权限行使职权的行为。本条所讲徇私舞弊，是指从事专利管理工作的国家机关工作人员以及其他有关国家机关工作人员为了个人或者亲友私利而弄虚作假致使公共财产、国家和人民利益遭受重大损失的行为。

三、根据本条规定，从事专利管理工作的国家机关工作人员以及其他有关国家机关工作人员玩忽职守、滥用职权、徇私舞弊，构成犯罪的，依法追究刑事责任。根据刑法第三百九十七条的规定："国家机关工作人员滥用职权或者玩忽职守，致使公共财产、国家和人民利益遭受重大损失的，处三年以下有期徒刑或者拘役；情节特别严重的，处三年以上七年以下有期徒刑。本法另有规定的，依照规定。""国家机关工作人员徇私舞弊，犯前款罪的，处五年以下有期徒刑或者拘役；情节特别严重的，处五年以上十年以下有期徒刑。本法另有规定的，依照规定。"

四、根据本条规定，从事专利管理工作的国家机关工作人员以及其他有关国家机关工作人员玩忽职守、滥用职权、徇私舞弊，没有构成犯罪的，依法给予行政处分。行政处分是指对国家机关工作人员以及其他有关国家机关工作人员的行政违法行为,由所在单位或者其上级主管机关或者其他法定机关所给予的一种制裁性处理。按照行政监察法及国务院的有关规定,行政处分的种类包括警告、记过、降级、降职、撤职、开除等。

第八章 附 则

第七十五条 向国务院专利行政部门申请专利和办理其他手续,应当按照规定缴纳费用。

【释义】 本条是关于申请专利和办理其他手续应当按照规定缴纳费用的规定。

一、向专利行政部门申请专利和办理其他手续,专利行政部门需要为申请人提供专利审查、登记、发证等一系列专门服务。行政机关这类为特定当事人的利益提供的服务,当事人应当付费。参照国际通行做法,本条明确规定:向国务院专利行政部门申请专利和办理其他手续应当按照规定缴纳费用。

二、按照国务院批准发布的专利法实施细则和国务院有关部门的规定,实践中向国务院专利行政部门申请专利和办理其他手续应缴纳的费用包括:申请费、申请维持费;审查费、复审费;年费;著录事项变更费、优先权要求费、恢复权利请求费、无效宣告请求费、强制许可请求费、强制许可使用费的裁决请求费,专利登记费以及规定的附加费等。办理专利国际申请应缴纳的费用还包括:传送费;国际费,包括基本费用和指定费;检索费和附加检索费;手续费;初步审查费和附加初步审查费;确认费;滞纳金等。在专利法实施细则中,还对应缴费用的标准、支付方式、缴费时间等作了具体规定。

第七十六条 本法自1985年4月1日起施行。

【释义】 本条是关于本法施行日期的规定。

一、法律的施行日期,即法律生效时间,也称法律的时间效力,是指法律从何时起开始生效,到何时终止效力,以及法律对其公布以前的事件和行为是否具有溯及力的问题。本法规定的是从何时起开始生效。本法开始生效的时间是1985年4月1日,即从该日起产生法律效力。但是,需要说明的是,该施行日期仅仅对没有修改的部分适用,不适用以后修改的部分,经1992年9月4日修改的条款自1993年1月1日起生效,经2000年8月25日修改的条款自2001年7月1日起生效,本次修改的条款自2009年10月1日起生效。这在全国人大常委会的几次修改决定中都有相应规定。按照法律不溯及既往的原则,对本法的修改决定生效前发生的专利申请等问题,应执行当时法律的规定。

二、本法和对本法的修改决定自颁布至施行均间隔一段时间。本次修改决定自颁布到施行间隔九个多月的时间(颁布日期为2008年12月27日、实施日期为2009年10月1日)。这主要是考虑到本次修改决定施行以前还有大量工作要做,包括:国务院和国务院有关部门需要依据修改后新的法律规定对原来的一些规定进行修订,而修订工作则需要一定的时间;专利管理机关的工作人员、有关司法机关的工作人员对修改后的法律也有一个学习、掌握的过程;修改决定颁布以后也有一个向社会宣传、普及的过程。

第二部分 附 录

一、有关法律和文件

全国人民代表大会常务委员会关于修改《中华人民共和国专利法》的决定

（2008 年 12 月 27 日第十一届全国人民代表大会常务委员会第六次会议通过）

第十一届全国人民代表大会常务委员会第六次会议决定对《中华人民共和国专利法》作如下修改：

一、将第一条修改为："为了保护专利权人的合法权益，鼓励发明创造，推动发明创造的应用，提高创新能力，促进科学技术进步和经济社会发展，制定本法。"

二、在第二条中增加三款，作为第二、三、四款："发明，是指对产品、方法或者其改进所提出的新的技术方案。

“实用新型，是指对产品的形状、构造或者其结合所提出的适于实用的新的技术方案。

“外观设计，是指对产品的形状、图案或者其结合以及色彩与形状、图案的结合所作出的富有美感并适于工业应用的新设计。”

三、将第五条修改为：“对违反法律、社会公德或者妨害公共利益的发明创造，不授予专利权。

“对违反法律、行政法规的规定获取或者利用遗传资源，并依赖该遗传资源完成的发明创造，不授予专利权。”

四、在第九条中增加一款，作为第一款：“同样的发明创造只能授予一项专利权。但是，同一申请人同日对同样的发明创造既申请实用新型专利又申请发明专利，先获得的实用新型专利权尚未终止，且申请人声明放弃该实用新型专利权的，可以授予发明专利权。”

五、将第十条第二款修改为：“中国单位或者个人向外国人、外国企业或者外国其他组织转让专利申请权或者专利权的，应当依照有关法律、行政法规的规定办理手续。”

六、将第十一条第二款修改为：“外观设计专利权被授予后，任何单位或者个人未经专利权人许可，都不得实施其专利，即不得为生产经营目的制造、许诺销售、销售、进口其外观设计专利产品。”

七、将第十二条修改为：“任何单位或者个人实施他人专利的，应当与专利权人订立实施许可合同，向专利权人支付专利使用费。被许可人无权允许合同规定以外的任何单位或者个人实施该专利。”

八、删除第十四条第二款。

九、增加一条，作为第十五条："专利申请权或者专利权的共有人对权利的行使有约定的，从其约定。没有约定的，共有人可以单独实施或者以普通许可方式许可他人实施该专利；许可他人实施该专利的，收取的使用费应当在共有人之间分配。

"除前款规定的情形外，行使共有的专利申请权或者专利权应当取得全体共有人的同意。"

十、将第十五条和第十七条合并，作为第十七条："发明人或者设计人有权在专利文件中写明自己是发明人或者设计人。

"专利权人有权在其专利产品或者该产品的包装上标明专利标识。"

十一、将第十九条第一款修改为："在中国没有经常居所或者营业所的外国人、外国企业或者外国其他组织在中国申请专利和办理其他专利事务的，应当委托依法设立的专利代理机构办理。"

第二款修改为："中国单位或者个人在国内申请专利和办理其他专利事务的，可以委托依法设立的专利代理机构办理。"

十二、将第二十条第一款修改为："任何单位或者个人将在中国完成的发明或者实用新型向外国申请专利的，应当事先报经国务院专利行政部门进行保密审查。保密审查的程序、期限等按照国务院的规定执行。"

增加一款作为第四款："对违反本条第一款规定向外国申请专利的发明或者实用新型，在中国申请专利的，不授予专利权。"

十三、在第二十一条中增加一款，作为第二款："国务院专利行政部门应当完整、准确、及时发布专利信息，定期出版专利公报。"

十四、将第二十二条第二款修改为："新颖性，是指该发明或者实用新型不属于现有技术；也没有任何单位或者个人就同样的发明或者实用新型在申请日以前向国务院专利行政部门提出过申请，并记载在申请日以后公布的专利申请文件或者公告的专利文件中。"

第三款修改为："创造性，是指与现有技术相比，该发明具有突出的实质性特点和显著的进步，该实用新型具有实质性特点和进步。"

增加一款，作为第五款："本法所称现有技术，是指申请日以前在国内外为公众所知的技术。"

十五、将第二十三条修改为："授予专利权的外观设计，应当不属于现有设计；也没有任何单位或者个人就同样的外观设计在申请日以前向国务院专利行政部门提出过申请，并记载在申请日以后公告的专利文件中。

"授予专利权的外观设计与现有设计或者现有设计特征的组合相比，应当具有明显区别。

"授予专利权的外观设计不得与他人在申请日以前已经取得的合法权利相冲突。

"本法所称现有设计，是指申请日以前在国内外为公众所知的设计。"

十六、在第二十五条第一款中增加一项，作为第（六）项："对平面印刷品的图案、色彩或者二者的结合作出的主要起标识作用的设计。"

十七、将第二十六条第二款修改为："请求书应当写明发明或者实用新型的名称，发明人的姓名，申请人姓名或者名称、地址，以及其他事项。”

第四款修改为：“权利要求书应当以说明书为依据，清楚、简要地限定要求专利保护的范围。”

增加一款，作为第五款：“依赖遗传资源完成的发明创造，申请人应当在专利申请文件中说明该遗传资源的直接来源和原始来源；申请人无法说明原始来源的，应当陈述理由。”

十八、将第二十七条修改为：“申请外观设计专利的，应当提交请求书、该外观设计的图片或者照片以及对该外观设计的简要说明等文件。

“申请人提交的有关图片或者照片应当清楚地显示要求专利保护的产品的外观设计。”

十九、将第三十一条第二款修改为：“一件外观设计专利申请应当限于一项外观设计。同一产品两项以上的相似外观设计，或者用于同一类别并且成套出售或者使用的产品的两项以上外观设计，可以作为一件申请提出。”

二十、将第四十七条第二款修改为：“宣告专利权无效的决定，对在宣告专利权无效前人民法院作出并已执行的专利侵权的判决、调解书，已经履行或者强制执行的专利侵权纠纷处理决定，以及已经履行的专利实施许可合同和专利权转让合同，不具有追溯力。但是因专利权人的恶意给他人造成的损失，应当给予赔偿。”

第三款修改为：“依照前款规定不返还专利侵权赔偿金、专利使用费、专利权转让费，明显违反公平原则的，应当全部或者部分返还。”

二十一、将第四十八条修改为："有下列情形之一的，国务院专利行政部门根据具备实施条件的单位或者个人的申请，可以给予实施发明专利或者实用新型专利的强制许可：

"（一）专利权人自专利权被授予之日起满三年，且自提出专利申请之日起满四年，无正当理由未实施或者未充分实施其专利的；

"（二）专利权人行使专利权的行为被依法认定为垄断行为，为消除或者减少该行为对竞争产生的不利影响的。"

二十二、增加一条，作为第五十条："为了公共健康目的，对取得专利权的药品，国务院专利行政部门可以给予制造并将其出口到符合中华人民共和国参加的有关国际条约规定的国家或者地区的强制许可。"

二十三、增加一条，作为第五十二条："强制许可涉及的发明创造为半导体技术的，其实施限于公共利益的目的和本法第四十八条第（二）项规定的情形。"

二十四、增加一条，作为第五十三条："除依照本法第四十八条第（二）项、第五十条规定给予的强制许可外，强制许可的实施应当主要为了供应国内市场。"

二十五、将第五十一条改为第五十四条，修改为："依照本法第四十八条第（一）项、第五十一条规定申请强制许可的单位或者个人应当提供证据，证明其以合理的条件请求专利权人许可其实施专利，但未能在合理的时间内获得许可。"

二十六、将第五十四条改为第五十七条，修改为："取得实施强制许可的单位或者个人应当付给专利权人合理的使用费，或者依照中华人民共和国参加的有关国际条约的规定处理使用费问题。付给使用费的，其数额由双方协商；双方不能达成协议的，由国务院专利行政部门裁决。”

二十七、将第五十六条改为第五十九条，修改为：“发明或者实用新型专利权的保护范围以其权利要求的内容为准，说明书及附图可以用于解释权利要求的内容。

“外观设计专利权的保护范围以表示在图片或者照片中的该产品的外观设计为准，简要说明可以用于解释图片或者照片所表示的该产品的外观设计。”

二十八、将第五十七条第二款改为第六十一条，修改为：“专利侵权纠纷涉及新产品制造方法的发明专利的，制造同样产品的单位或者个人应当提供其产品制造方法不同于专利方法的证明。

“专利侵权纠纷涉及实用新型专利或者外观设计专利的，人民法院或者管理专利工作的部门可以要求专利权人或者利害关系人出具由国务院专利行政部门对相关实用新型或者外观设计进行检索、分析和评价后作出的专利权评价报告，作为审理、处理专利侵权纠纷的证据。”

二十九、增加一条，作为第六十二条：“在专利侵权纠纷中，被控侵权人有证据证明其实施的技术或者设计属于现有技术或者现有设计的，不构成侵犯专利权。”

三十、将第五十八条、第五十九条合并为第六十三条，修改为：“假冒专利的，除依法承担民事责任外，由管理专利工作的部门责令改正并予公告，没收违法所得，可以并处违法所得四倍以下的罚款；没有违法所得的，可以处二十万元以下的罚款；构成犯罪的，依法追究刑事责任。”

三十一、增加一条，作为第六十四条："管理专利工作的部门根据已经取得的证据，对涉嫌假冒专利行为进行查处时，可以询问有关当事人，调查与涉嫌违法行为有关的情况；对当事人涉嫌违法行为的场所实施现场检查；查阅、复制与涉嫌违法行为有关的合同、发票、账簿以及其他有关资料；检查与涉嫌违法行为有关的产品，对有证据证明是假冒专利的产品，可以查封或者扣押。

"管理专利工作的部门依法行使前款规定的职权时，当事人应当予以协助、配合，不得拒绝、阻挠。"

三十二、将第六十条改为第六十五条，修改为："侵犯专利权的赔偿数额按照权利人因被侵权所受到的实际损失确定；实际损失难以确定的，可以按照侵权人因侵权所获得的利益确定。权利人的损失或者侵权人获得的利益难以确定的，参照该专利许可使用费的倍数合理确定。赔偿数额还应当包括权利人为制止侵权行为所支付的合理开支。

"权利人的损失、侵权人获得的利益和专利许可使用费均难以确定的，人民法院可以根据专利权的类型、侵权行为的性质和情节等因素，确定给予一万元以上一百万元以下的赔偿。"

三十三、将第六十一条改为第六十六条，修改为："专利权人或者利害关系人有证据证明他人正在实施或者即将实施侵犯专利权的行为，如不及时制止将会使其合法权益受到难以弥补的损害的，可以在起诉前向人民法院申请采取责令停止有关行为的措施。

"申请人提出申请时，应当提供担保；不提供担保的，驳回申请。

“人民法院应当自接受申请之时起四十八小时内作出裁定；有特殊情况需要延长的，可以延长四十八小时。裁定责令停止有关行为的，应当立即执行。当事人对裁定不服的，可以申请复议一次；复议期间不停止裁定的执行。

“申请人自人民法院采取责令停止有关行为的措施之日起十五日内不起诉的，人民法院应当解除该措施。

“申请有错误的，申请人应当赔偿被申请人因停止有关行为所遭受的损失。”

三十四、增加一条，作为第六十七条：“为了制止专利侵权行为，在证据可能灭失或者以后难以取得的情况下，专利权人或者利害关系人可以在起诉前向人民法院申请保全证据。

“人民法院采取保全措施，可以责令申请人提供担保；申请人不提供担保的，驳回申请。

“人民法院应当自接受申请之时起四十八小时内作出裁定；裁定采取保全措施的，应当立即执行。

“申请人自人民法院采取保全措施之日起十五日内不起诉的，人民法院应当解除该措施。”

三十五、将第六十三条第一款改为第六十九条，第（一）项修改为：“专利产品或者依照专利方法直接获得的产品，由专利权人或者经其许可的单位、个人售出后，使用、许诺销售、销售、进口该产品的；”

增加一项，作为第（五）项：“为提供行政审批所需要的信息，制造、使用、进口专利药品或者专利医疗器械的，以及专门为其制造、进口专利药品或者专利医疗器械的。”

三十六、将第六十三条第二款改为第七十条，修改为：“为生产经营目的使用、许诺销售或者销售不知道是未经专利权人许可而制造并售出的专利侵权产品，能证明该产品合法来源的，不承担赔偿责任。”

本决定自2009年10月1日起施行。

《中华人民共和国专利法》根据本决定作相应修改并对条款顺序作相应调整，重新公布。

中华人民共和国专利法

(1984年3月12日第六届全国人民代表大会常务委员会第四次会议通过 根据1992年9月4日第七届全国人民代表大会常务委员会第二十七次会议《关于修改〈中华人民共和国专利法〉的决定》第一次修正 根据2000年8月25日第九届全国人民代表大会常务委员会第十七次会议《关于修改〈中华人民共和国专利法〉的决定》第二次修正 根据2008年12月27日第十一届全国人民代表大会常务委员会第六次会议《关于修改〈中华人民共和国专利法〉的决定》第三次修正)

目 录

第一章 总 则

第一条 为了保护专利权人的合法权益，鼓励发明创造，推动发明创造的应用，提高创新能力，促进科学技术进步和经济社会发展，制定本法。

第二条 本法所称的发明创造是指发明、实用新型和外观设计。

发明，是指对产品、方法或者其改进所提出的新的技术方案。

实用新型，是指对产品的形状、构造或者其结合所提出的适于实用的新的技术方案。

外观设计，是指对产品的形状、图案或者其结合以及色彩与形状、图案的结合所作出的富有美感并适于工业应用的新设计。

第三条 国务院专利行政部门负责管理全国的专利工作；统一受理和审查专利申请，依法授予专利权。

省、自治区、直辖市人民政府管理专利工作的部门负责本行政区域内的专利管理工作。

第四条 申请专利的发明创造涉及国家安全或者重大利益需要保密的，按照国家有关规定办理。

第五条 对违反法律、社会公德或者妨害公共利益的发明创造，不授予专利权。

对违反法律、行政法规的规定获取或者利用遗传资源，并依赖该遗传资源完成的发明创造，不授予专利权。

第六条 执行本单位的任务或者主要是利用本单位的物质技术条件所完成的发明创造为职务发明创造。职务发明创造申请专利的权利属于该单位；申请被批准后，该单位为专利权人。

非职务发明创造，申请专利的权利属于发明人或者设计人；申请被批准后，该发明人或者设计人为专利权人。

利用本单位的物质技术条件所完成的发明创造，单位与发明人或者设计人订有合同，对申请专利的权利和专利权的归属作出约定的，从其约定。

第七条 对发明人或者设计人的非职务发明创造专利申请，任何单位或者个人不得压制。

第八条 两个以上单位或者个人合作完成的发明创造、一个单位或者个人接受其他单位或者个人委托所完成的发明创造，除另有协议的以外，申请专利的权利属于完成或者共同完成的单位或者个人；申请被批准后，申请的单位或者个人为专利权人。

第九条 同样的发明创造只能授予一项专利权。但是，同一申请人同日对同样的发明创造既申请实用新型专利又申请发明专利，先获得的实用新型专利权尚未终止，且申请人声明放弃该实用新型专利权的，可以授予发明专利权。

两个以上的申请人分别就同样的发明创造申请专利的，专利权授予最先申请的人。

第十条 专利申请权和专利权可以转让。

中国单位或者个人向外国人、外国企业或者外国其他组织转让专利申请权或者专利权的，应当依照有关法律、行政法规的规定办理手续。

转让专利申请权或者专利权的，当事人应当订立书面合同，并向国务院专利行政部门登记，由国务院专利行政部门予以公告。专利申请权或者专利权的转让自登记之日起生效。

第十一条 发明和实用新型专利权被授予后，除本法另有规定的以外，任何单位或者个人未经专利权人许可，都不得实施其专利，即不得为生产经营目的制造、使用、许诺销售、销售、进口其专利产品，或者使用其专利方法以及使用、许诺销售、销售、进口依照该专利方法直接获得的产品。

外观设计专利权被授予后，任何单位或者个人未经专利权人许可，都不得实施其专利，即不得为生产经营目的制造、许诺销售、销售、进口其外观设计专利产品。

第十二条 任何单位或者个人实施他人专利的，应当与专利权人订立实施许可合同，向专利权人支付专利使用费。被许可人无权允许合同规定以外的任何单位或者个人实施该专利。

第十三条 发明专利申请公布后，申请人可以要求实施其发明的单位或者个人支付适当的费用。

第十四条 国有企业事业单位的发明专利，对国家利益或者公共利益具有重大意义的，国务院有关主管部门和省、自治区、直辖市人民政府报经国务院批准，可以决定在批准的范围内推广应用，允许指定的单位实施，由实施单位按照国家规定向专利权人支付使用费。

第十五条 专利申请权或者专利权的共有人对权利的行使有约定的，从其约定。没有约定的，共有人可以单独实施或者以普通许可方式许可他人实施该专利;许可他人实施该专利的,收取的使用费应当在共有人之间分配。

除前款规定的情形外,行使共有的专利申请权或者专利权应当取得全体共有人的同意。

第十六条 被授予专利权的单位应当对职务发明创造的发明人或者设计人给予奖励;发明创造专利实施后,根据其推广应用的范围和取得的经济效益,对发明人或者设计人给予合理的报酬。

第十七条 发明人或者设计人有权在专利文件中写明自己是发明人或者设计人。

专利权人有权在其专利产品或者该产品的包装上标明专利标识。

第十八条 在中国没有经常居所或者营业所的外国人、外国企业或者外国其他组织在中国申请专利的,依照其所属国同中国签订的协议或者共同参加的国际条约,或者依照互惠原则,根据本法办理。

第十九条 在中国没有经常居所或者营业所的外国人、外国企业或者外国其他组织在中国申请专利和办理其他专利事务的,应当委托依法设立的专利代理机构办理。

中国单位或者个人在国内申请专利和办理其他专利事务的,可以委托依法设立的专利代理机构办理。

专利代理机构应当遵守法律、行政法规,按照被代理人的委托办理专利申请或者其他专利事务;对被代理人发明创造的内容,除专利申请已经公布或者公告的以外,负有保密责任。专利代理机构的具体管理办法由国务院规定。

第二十条 任何单位或者个人将在中国完成的发明或者实用新型向外国申请专利的，应当事先报经国务院专利行政部门进行保密审查。保密审查的程序、期限等按照国务院的规定执行。

中国单位或者个人可以根据中华人民共和国参加的有关国际条约提出专利国际申请。申请人提出专利国际申请的，应当遵守前款规定。

国务院专利行政部门依照中华人民共和国参加的有关国际条约、本法和国务院有关规定处理专利国际申请。

对违反本条第一款规定向外国申请专利的发明或者实用新型，在中国申请专利的，不授予专利权。

第二十一条 国务院专利行政部门及其专利复审委员会应当按照客观、公正、准确、及时的要求，依法处理有关专利的申请和请求。

国务院专利行政部门应当完整、准确、及时发布专利信息，定期出版专利公报。

在专利申请公布或者公告前，国务院专利行政部门的工作人员及有关人员对其内容负有保密责任。

第二章 授予专利权的条件

第二十二条 授予专利权的发明和实用新型，应当具备新颖性、创造性和实用性。

新颖性，是指该发明或者实用新型不属于现有技术；也没有任何单位或者个人就同样的发明或者实用新型在申请日以前向国务院专利行政部门提出过申请，并记载在申请日以后公布的专利申请文件或者公告的专利文件中。

创造性，是指与现有技术相比，该发明具有突出的实质性特点和显著的进步，该实用新型具有实质性特点和进步。

实用性，是指该发明或者实用新型能够制造或者使用，并且能够产生积极效果。

本法所称现有技术，是指申请日以前在国内外为公众所知的技术。

第二十三条 授予专利权的外观设计，应当不属于现有设计；也没有任何单位或者个人就同样的外观设计在申请日以前向国务院专利行政部门提出过申请，并记载在申请日以后公告的专利文件中。

授予专利权的外观设计与现有设计或者现有设计特征的组合相比，应当具有明显区别。

授予专利权的外观设计不得与他人在申请日以前已经取得的合法权利相冲突。

本法所称现有设计，是指申请日以前在国内外为公众所知的设计。

第二十四条 申请专利的发明创造在申请日以前六个月内，有下列情形之一的，不丧失新颖性：

（一）在中国政府主办或者承认的国际展览会上首次展出的；

（二）在规定的学术会议或者技术会议上首次发表的；

（三）他人未经申请人同意而泄露其内容的。

第二十五条 对下列各项，不授予专利权：

（一）科学发现；

（二）智力活动的规则和方法；

（三）疾病的诊断和治疗方法；

（四）动物和植物品种；

（五）用原子核变换方法获得的物质；

（六）对平面印刷品的图案、色彩或者二者的结合作出的主要起标识作用的设计。

对前款第（四）项所列产品的生产方法，可以依照本法规定授予专利权。

第三章 专利的申请

第二十六条 申请发明或者实用新型专利的，应当提交请求书、说明书及其摘要和权利要求书等文件。

请求书应当写明发明或者实用新型的名称，发明人的姓名，申请人姓名或者名称、地址，以及其他事项。

说明书应当对发明或者实用新型作出清楚、完整的说明，以所属技术领域的技术人员能够实现为准；必要的时候，应当有附图。摘要应当简要说明发明或者实用新型的技术要点。

权利要求书应当以说明书为依据，清楚、简要地限定要求专利保护的范围。

依赖遗传资源完成的发明创造，申请人应当在专利申请文件中说明该遗传资源的直接来源和原始来源；申请人无法说明原始来源的，应当陈述理由。

第二十七条 申请外观设计专利的，应当提交请求书、该外观设计的图片或者照片以及对该外观设计的简要说明等文件。

申请人提交的有关图片或者照片应当清楚地显示要求专利

保护的产品的外观设计。

第二十八条 国务院专利行政部门收到专利申请文件之日为申请日。如果申请文件是邮寄的,以寄出的邮戳日为申请日。

第二十九条 申请人自发明或者实用新型在外国第一次提出专利申请之日起十二个月内,或者自外观设计在外国第一次提出专利申请之日起六个月内,又在中国就相同主题提出专利申请的,依照该外国同中国签订的协议或者共同参加的国际条约,或者依照相互承认优先权的原则,可以享有优先权。

申请人自发明或者实用新型在中国第一次提出专利申请之日起十二个月内,又向国务院专利行政部门就相同主题提出专利申请的,可以享有优先权。

第三十条 申请人要求优先权的,应当在申请的时候提出书面声明,并且在三个月内提交第一次提出的专利申请文件的副本;未提出书面声明或者逾期未提交专利申请文件副本的,视为未要求优先权。

第三十一条 一件发明或者实用新型专利申请应当限于一项发明或者实用新型。属于一个总的发明构思的两项以上的发明或者实用新型,可以作为一件申请提出。

一件外观设计专利申请应当限于一项外观设计。同一产品两项以上的相似外观设计,或者用于同一类别并且成套出售或者使用的产品的两项以上外观设计,可以作为一件申请提出。

第三十二条 申请人可以在被授予专利权之前随时撤回其专利申请。

第三十三条 申请人可以对其专利申请文件进行修改,但是,对发明和实用新型专利申请文件的修改不得超出原说明书和权利要求书记载的范围，对外观设计专利申请文件的修改不得超出原图片或者照片表示的范围。

第四章　专利申请的审查和批准

第三十四条　国务院专利行政部门收到发明专利申请后，经初步审查认为符合本法要求的，自申请日起满十八个月，即行公布。国务院专利行政部门可以根据申请人的请求早日公布其申请。

第三十五条　发明专利申请自申请日起三年内，国务院专利行政部门可以根据申请人随时提出的请求，对其申请进行实质审查；申请人无正当理由逾期不请求实质审查的，该申请即被视为撤回。

国务院专利行政部门认为必要的时候，可以自行对发明专利申请进行实质审查。

第三十六条　发明专利的申请人请求实质审查的时候，应当提交在申请日前与其发明有关的参考资料。

发明专利已经在外国提出过申请的，国务院专利行政部门可以要求申请人在指定期限内提交该国为审查其申请进行检索的资料或者审查结果的资料；无正当理由逾期不提交的，该申请即被视为撤回。

第三十七条　国务院专利行政部门对发明专利申请进行实质审查后，认为不符合本法规定的，应当通知申请人，要求其在指定的期限内陈述意见，或者对其申请进行修改；无正当理由逾期不答复的，该申请即被视为撤回。

第三十八条　发明专利申请经申请人陈述意见或者进行修

改后，国务院专利行政部门仍然认为不符合本法规定的，应当予以驳回。

第三十九条 发明专利申请经实质审查没有发现驳回理由的，由国务院专利行政部门作出授予发明专利权的决定，发给发明专利证书，同时予以登记和公告。发明专利权自公告之日起生效。

第四十条 实用新型和外观设计专利申请经初步审查没有发现驳回理由的，由国务院专利行政部门作出授予实用新型专利权或者外观设计专利权的决定，发给相应的专利证书，同时予以登记和公告。实用新型专利权和外观设计专利权自公告之日起生效。

第四十一条 国务院专利行政部门设立专利复审委员会。专利申请人对国务院专利行政部门驳回申请的决定不服的，可以自收到通知之日起三个月内，向专利复审委员会请求复审。专利复审委员会复审后，作出决定，并通知专利申请人。

专利申请人对专利复审委员会的复审决定不服的，可以自收到通知之日起三个月内向人民法院起诉。

第五章 专利权的期限、终止和无效

第四十二条 发明专利权的期限为二十年，实用新型专利权和外观设计专利权的期限为十年，均自申请日起计算。

第四十三条 专利权人应当自被授予专利权的当年开始缴纳年费。

第四十四条 有下列情形之一的，专利权在期限届满前终止：

（一）没有按照规定缴纳年费的；

（二）专利权人以书面声明放弃其专利权的。

专利权在期限届满前终止的，由国务院专利行政部门登记和公告。

第四十五条 自国务院专利行政部门公告授予专利权之日起，任何单位或者个人认为该专利权的授予不符合本法有关规定的，可以请求专利复审委员会宣告该专利权无效。

第四十六条 专利复审委员会对宣告专利权无效的请求应当及时审查和作出决定，并通知请求人和专利权人。宣告专利权无效的决定，由国务院专利行政部门登记和公告。

对专利复审委员会宣告专利权无效或者维持专利权的决定不服的，可以自收到通知之日起三个月内向人民法院起诉。人民法院应当通知无效宣告请求程序的对方当事人作为第三人参加诉讼。

第四十七条 宣告无效的专利权视为自始即不存在。

宣告专利权无效的决定，对在宣告专利权无效前人民法院作出并已执行的专利侵权的判决、调解书，已经履行或者强制执行的专利侵权纠纷处理决定，以及已经履行的专利实施许可合同和专利权转让合同，不具有追溯力。但是因专利权人的恶意给他人造成的损失，应当给予赔偿。

依照前款规定不返还专利侵权赔偿金、专利使用费、专利权转让费，明显违反公平原则的，应当全部或者部分返还。

第六章 专利实施的强制许可

第四十八条 有下列情形之一的，国务院专利行政部门根据具备实施条件的单位或者个人的申请，可以给予实施发明专利或者实用新型专利的强制许可：

（一）专利权人自专利权被授予之日起满三年，且自提出专利申请之日起满四年，无正当理由未实施或者未充分实施其专利的；

（二）专利权人行使专利权的行为被依法认定为垄断行为，为消除或者减少该行为对竞争产生的不利影响的。

第四十九条 在国家出现紧急状态或者非常情况时，或者为了公共利益的目的，国务院专利行政部门可以给予实施发明专利或者实用新型专利的强制许可。

第五十条 为了公共健康目的，对取得专利权的药品，国务院专利行政部门可以给予制造并将其出口到符合中华人民共和国参加的有关国际条约规定的国家或者地区的强制许可。

第五十一条 一项取得专利权的发明或者实用新型比前已经取得专利权的发明或者实用新型具有显著经济意义的重大技术进步，其实施又有赖于前一发明或者实用新型的实施的，国务院专利行政部门根据后一专利权人的申请，可以给予实施前一发明或者实用新型的强制许可。

在依照前款规定给予实施强制许可的情形下，国务院专利行政部门根据前一专利权人的申请，也可以给予实施后一发明或者实用新型的强制许可。

第五十二条 强制许可涉及的发明创造为半导体技术的，其实施限于公共利益的目的和本法第四十八条第（二）项规定的情形。

第五十三条 除依照本法第四十八条第（二）项、第五十条规定给予的强制许可外,强制许可的实施应当主要为了供应国内市场。

第五十四条 依照本法第四十八条第(一)项、第五十一条规定申请强制许可的单位或者个人应当提供证据,证明其以合理的条件请求专利权人许可其实施专利,但未能在合理的时间内获得许可。

第五十五条 国务院专利行政部门作出的给予实施强制许可的决定,应当及时通知专利权人,并予以登记和公告。

给予实施强制许可的决定,应当根据强制许可的理由规定实施的范围和时间。强制许可的理由消除并不再发生时,国务院专利行政部门应当根据专利权人的请求,经审查后作出终止实施强制许可的决定。

第五十六条 取得实施强制许可的单位或者个人不享有独占的实施权,并且无权允许他人实施。

第五十七条 取得实施强制许可的单位或者个人应当付给专利权人合理的使用费,或者依照中华人民共和国参加的有关国际条约的规定处理使用费问题。付给使用费的,其数额由双方协商;双方不能达成协议的,由国务院专利行政部门裁决。

第五十八条 专利权人对国务院专利行政部门关于实施强制许可的决定不服的,专利权人和取得实施强制许可的单位或者个人对国务院专利行政部门关于实施强制许可的使用费的裁决不服的,可以自收到通知之日起三个月内向人民法院起诉。

第七章 专利权的保护

第五十九条 发明或者实用新型专利权的保护范围以其权

利要求的内容为准，说明书及附图可以用于解释权利要求的内容。

外观设计专利权的保护范围以表示在图片或者照片中的该产品的外观设计为准，简要说明可以用于解释图片或者照片所表示的该产品的外观设计。

第六十条 未经专利权人许可，实施其专利，即侵犯其专利权，引起纠纷的，由当事人协商解决；不愿协商或者协商不成的，专利权人或者利害关系人可以向人民法院起诉，也可以请求管理专利工作的部门处理。管理专利工作的部门处理时，认定侵权行为成立的，可以责令侵权人立即停止侵权行为，当事人不服的，可以自收到处理通知之日起十五日内依照《中华人民共和国行政诉讼法》向人民法院起诉；侵权人期满不起诉又不停止侵权行为的，管理专利工作的部门可以申请人民法院强制执行。进行处理的管理专利工作的部门应当事人的请求，可以就侵犯专利权的赔偿数额进行调解；调解不成的，当事人可以依照《中华人民共和国民事诉讼法》向人民法院起诉。

第六十一条 专利侵权纠纷涉及新产品制造方法的发明专利的，制造同样产品的单位或者个人应当提供其产品制造方法不同于专利方法的证明。

专利侵权纠纷涉及实用新型专利或者外观设计专利的，人民法院或者管理专利工作的部门可以要求专利权人或者利害关系人出具由国务院专利行政部门对相关实用新型或者外观设计进行检索、分析和评价后作出的专利权评价报告，作为审理、处理专利侵权纠纷的证据。

第六十二条 在专利侵权纠纷中，被控侵权人有证据证明其实施的技术或者设计属于现有技术或者现有设计的，不构成侵犯专利权。

第六十三条 假冒专利的，除依法承担民事责任外，由管理专利工作的部门责令改正并予公告，没收违法所得，可以并处违法所得四倍以下的罚款；没有违法所得的，可以处二十万元以下的罚款；构成犯罪的，依法追究刑事责任。

第六十四条 管理专利工作的部门根据已经取得的证据，对涉嫌假冒专利行为进行查处时，可以询问有关当事人，调查与涉嫌违法行为有关的情况；对当事人涉嫌违法行为的场所实施现场检查；查阅、复制与涉嫌违法行为有关的合同、发票、账簿以及其他有关资料；检查与涉嫌违法行为有关的产品，对有证据证明是假冒专利的产品，可以查封或者扣押。

管理专利工作的部门依法行使前款规定的职权时，当事人应当予以协助、配合，不得拒绝、阻挠。

第六十五条 侵犯专利权的赔偿数额按照权利人因被侵权所受到的实际损失确定；实际损失难以确定的，可以按照侵权人因侵权所获得的利益确定。权利人的损失或者侵权人获得的利益难以确定的，参照该专利许可使用费的倍数合理确定。赔偿数额还应当包括权利人为制止侵权行为所支付的合理开支。

权利人的损失、侵权人获得的利益和专利许可使用费均难以确定的，人民法院可以根据专利权的类型、侵权行为的性质和情节等因素，确定给予一万元以上一百万元以下的赔偿。

第六十六条 专利权人或者利害关系人有证据证明他人正在实施或者即将实施侵犯专利权的行为，如不及时制止将会使其合法权益受到难以弥补的损害的，可以在起诉前向人民法院申请采取责令停止有关行为的措施。

申请人提出申请时，应当提供担保；不提供担保的，驳回申请。

人民法院应当自接受申请之时起四十八小时内作出裁定；有特殊情况需要延长的，可以延长四十八小时。裁定责令停止有关行为的，应当立即执行。当事人对裁定不服的，可以申请复议一次；复议期间不停止裁定的执行。

申请人自人民法院采取责令停止有关行为的措施之日起十五日内不起诉的，人民法院应当解除该措施。

申请有错误的，申请人应当赔偿被申请人因停止有关行为所遭受的损失。

第六十七条 为了制止专利侵权行为，在证据可能灭失或者以后难以取得的情况下，专利权人或者利害关系人可以在起诉前向人民法院申请保全证据。

人民法院采取保全措施，可以责令申请人提供担保；申请人不提供担保的，驳回申请。

人民法院应当自接受申请之时起四十八小时内作出裁定；裁定采取保全措施的，应当立即执行。

申请人自人民法院采取保全措施之日起十五日内不起诉的，人民法院应当解除该措施。

第六十八条 侵犯专利权的诉讼时效为二年，自专利权人或者利害关系人得知或者应当得知侵权行为之日起计算。

发明专利申请公布后至专利权授予前使用该发明未支付适当使用费的，专利权人要求支付使用费的诉讼时效为二年，自专利权人得知或者应当得知他人使用其发明之日起计算，但是，专利权人于专利权授予之日前即已得知或者应当得知的,自专利权授予之日起计算。

第六十九条 有下列情形之一的,不视为侵犯专利权:

(一)专利产品或者依照专利方法直接获得的产品,由专利权人或者经其许可的单位、个人售出后,使用、许诺销售、销售、进口该产品的;

(二)在专利申请日前已经制造相同产品、使用相同方法或者已经作好制造、使用的必要准备,并且仅在原有范围内继续制造、使用的;

(三)临时通过中国领陆、领水、领空的外国运输工具,依照其所属国同中国签订的协议或者共同参加的国际条约,或者依照互惠原则,为运输工具自身需要而在其装置和设备中使用有关专利的;

(四)专为科学研究和实验而使用有关专利的;

(五)为提供行政审批所需要的信息,制造、使用、进口专利药品或者专利医疗器械的,以及专门为其制造、进口专利药品或者专利医疗器械的。

第七十条 为生产经营目的使用、许诺销售或者销售不知道是未经专利权人许可而制造并售出的专利侵权产品,能证明该产品合法来源的,不承担赔偿责任。

第七十一条 违反本法第二十条规定向外国申请专利,泄露国家秘密的,由所在单位或者上级主管机关给予行政处分;构成犯罪的,依法追究刑事责任。

第七十二条 侵夺发明人或者设计人的非职务发明创造专利申请权和本法规定的其他权益的,由所在单位或者上级主管机关给予行政处分。

第七十三条 管理专利工作的部门不得参与向社会推荐专利产品等经营活动。

管理专利工作的部门违反前款规定的，由其上级机关或者监察机关责令改正，消除影响，有违法收入的予以没收；情节严重的，对直接负责的主管人员和其他直接责任人员依法给予行政处分。

第七十四条 从事专利管理工作的国家机关工作人员以及其他有关国家机关工作人员玩忽职守、滥用职权、徇私舞弊，构成犯罪的，依法追究刑事责任；尚不构成犯罪的，依法给予行政处分。

第八章 附 则

第七十五条 向国务院专利行政部门申请专利和办理其他手续，应当按照规定缴纳费用。

第七十六条 本法自 1985 年 4 月 1 日起施行。

关于《中华人民共和国专利法修正案(草案)》的说明

(2008年8月25日在第十一届全国人民代表大会常务委员会第四次会议上)

国家知识产权局局长　田力普

委员长、各位副委员长、秘书长、各位委员:

《中华人民共和国专利法》(以下称现行专利法)于1985年4月1日起施行,1992年9月4日和2000年8月25日曾进行过两次修订。现行专利法实施以来,对鼓励和保护发明创造,促进科技进步和创新,推动我国经济社会发展,发挥了重要作用。随着国内、国际形势的发展,需要进一步完善我国专利法律制度:一是党的十七大报告提出了提高自主创新能力、建设创新型国家的目标,国务院制定了《国家知识产权战略纲要》。为此,需要通过修改、完善专利法,进一步加强对专利权的保护,激励自主创新,促进专利技术的实施,推动专利技术向现实生产力转化,缩短转化周期。二是世界贸易组织多哈部长级会议通过了《关于〈与贸易有关的知识产权协定〉与公共健康的宣言》(以下简称《宣言》),世界贸易组织总理事会通过了落实《宣言》的《修改〈与贸易有关的知识产权协定〉议定书》(以下简称《议定书》)。《宣言》和《议定书》允许世贸组织成员突破《与贸易有关的知识产权协定》的限制,在规定条件下给予实施药品专利的强制许可。据此,需要对现行专利法做必要修改。《生物多样性公约》对利用专利制度保护遗传资源做了规定,我国作为遗传资源大国,需要通过修改现行专利法,行使该公约赋予的权利。

知识产权局在认真总结现行专利法实施经验的基础上,起草了《中华人民共和国专利法(修订草案送审稿)》(以下称送审稿),于2006年12月27日报请国务院审批。收到此件后,法制办两次征求了72个中央部门和单位、35个地方人民政府、14个地方法院、20多个企事业单位、50多位专家学者的意见,还收到了有关外国政府机构、企业协会和国际组织的意见;到广东等地对企业专利工作情况、地方政府专利行政执法情况和地方法院专利审判工作情况进行了调研;多次召开专家论证会,两次召开国际研讨会,就利用专利制度促进创新型国家建设、专利法修订与国际公约的一致性等重大问题进行研讨;会同知识产权局与全国人大教科文卫委员会、全国人大常委会法工委、高法院等反复沟通、协调,在此基础上,对送审稿进行了反复研究、修改,形成了《中华人民共和国专利法修正案(草案)》(以下称草案)。2008年6月27日,法制办、知识产权局向全国人大教科文卫委员会做了汇报,之后根据委员的意见对草案做了进一步修改。草案已经2008年7月30日国务院第19次常务会议讨论通过。现就草案的主要内容说明如下:

一、根据激励自主创新、提高自主创新能力的要求，对现行专利法所做的修改

为了实现建设创新型国家的目标，2007年国务院提请全国人大常委会审议修订的科学技术进步法，已经从加大科技投入、整合科技资源、激发科研机构与科技人员的积极性、促进企业技术进步等方面，规定了一系列制度、措施。草案主要从利用专利制度激励自主创新的角度，对现行专利法做了以下修改：

（一）在立法宗旨中增加了“提高自主创新能力”、“建设创新型国家”的内容。将现行专利法的立法宗旨修改为：为了保护专利权，鼓励发明创造，推动发明创造的管理、应用，提高自主创新能力，促进科学技术进步和经济社会发展，建设创新型国家，制定本法。（第一条）

（二）提高专利授权标准。现行专利法关于专利授权条件采用的是“相对新颖性标准”，即规定申请发明、实用新型专利权的发明创造没有在国内外公开发表过，也没有在国内公开使用过或者以其他方式为公众所知；申请外观设计专利权的设计没有在国内外公开发表过，也没有在国内公开使用过。根据该规定，一些没有公开发表过的技术，虽然在国外已经被公开使用或者已经有相应的产品出售，只要在我国国内还没有人公开使用或者没有相应的产品出售，就可以在我国授予专利，从而导致我国专利质量不高。这既不利于激励自主创新，也妨碍了国外已有技术在我国的应用。为此，草案采用了“绝对新颖性标准”：规定授予专利权的发明创造在国内外都没有为公众所知。（第十一条、第十二条）为进一步提高外观设计专利的质量，草案规定：对

平面印刷品的主要起标识作用的设计不授予专利权。（第十三条）

（三）删除了向外国申请专利须先申请中国专利的规定。现行专利法规定，在我国国内完成的发明创造向外国申请专利，须先申请中国专利。为鼓励向外国申请专利，提高我国国际竞争力，草案规定，任何单位或者个人可以将其在中国完成的发明创造向外国申请专利，这样就取消了必须先申请中国专利的限制；同时，考虑到一些专利申请可能涉及我国国家安全，需要进行保密审查，草案规定：在中国完成的发明创造向外国申请专利的，应当事先经国务院专利行政部门进行保密审查。（第九条）

（四）赋予外观设计专利权人许诺销售权。许诺销售是以做广告、在商店货架或者展销会会场陈列等方式做出的销售商品的许诺。现行专利法在外观设计专利权中没有规定许诺销售权。为了加强对外观设计专利的保护，草案在外观设计专利中增加了许诺销售的权利。这样修改后，外观设计专利权人可以制止他人未经其许可，以做广告、在商店货架或者展销会会场陈列等方式许诺销售该专利产品。（第五条）

（五）明确侵犯专利权的赔偿应当包括权利人维权的成本，加大对违法行为的处罚力度，并增加了法定赔偿的规定。从专利保护工作的实践来看，如果专利权人维权的成本得不到赔偿，就不能弥补权利人因侵权所受到的损失。为更有效地保护专利权人的合理利益，草案增加规定：侵犯专利权的赔偿应当包括权利人为制止侵权行为所支付的合理开支。同时，为打击专利违法行为，将假冒他人专利的罚款数额从违法所得的 3 倍提高到 4 倍；没有违法所得的，将罚款数额从 5 万元提高到 20 万元，并将冒充专利行为的罚款数额从5万元提高到20万元。(第二十三条、第二十四条) 此外,为提高司法保护的效率,草案还规定:在诉讼活动中,权利人的损失、侵权人获得的利益和专利许可使用费均难以确定的,人民法院可以根据专利权的类型、侵权行为的性质和情节等因素,确定给予1万元以上100万元以下的赔偿。(第二十五条)

(六)增加诉前证据保全的规定。为防止侵权人在专利权人起诉之前转移、毁灭证据,草案增加规定:为制止专利侵权行为,在证据可能灭失或者以后难以取得的情况下,权利人可以在起诉前向人民法院申请证据保全。(第二十七条)

二、根据促进技术推广应用的需要,对现行专利法所做的修改

(一)规定专利权共有人可以单独实施或者以普通许可方式许可他人实施该共有专利。为既保障共有人对共有专利的合法权利,又促进共有专利的实施,草案规定:专利申请权或者专利权由两个以上单位或者个人共有,共有人对权利的行使有约定的,从其约定。没有约定的,共有人可以单独实施或者以普通许可方式许可他人实施该专利;许可他人实施该专利的,收取的使用费应当在共有人之间分配。除前款规定的情形外,行使共有的专利申请权或者专利权应当取得全体共有人的同意。(第七条) 所谓普通许可,就是在被许可人实施专利技术的同时,共有人也可以实施或者许可他人实施该专利技术。

(二)规定实施的技术如果属于现有技术,不构成侵犯专利权。根据现行专利法的规定,在专利侵权案件中,被告认为专利

权无效，必须向专利复审委员会提出复审申请；在专利复审委员会宣告专利权无效后，法院才可以判决被告不构成侵犯专利权。为防止恶意利用已公知的现有技术申请专利，阻碍现有技术实施，帮助现有技术实施人及时从专利侵权纠纷中摆脱出来，草案增加规定：在专利侵权纠纷中，被控告侵权人有证据证明自己实施的技术属于现有技术的，不构成侵犯专利权。（第二十二条）据此，被控告侵权人无须向专利复审委员会提出复审申请，法院可直接判定被控告侵权人不侵权。

（三）增加规定不视为侵权的情形。借鉴国外的做法，草案在不视为侵权的情形中增加一项：为提供行政审批所需要的信息，拟制造药品或者医疗器械的单位或者个人制造专利药品或者专利医疗器械的。（第二十八条）

三、根据国际条约的规定特别是我国加入世界贸易组织后国际条约的新规定，对现行专利法所做的修改

一是《修改〈与贸易有关的知识产权协定〉议定书》规定，为了公共健康目的，可以给予制造并出口专利药品到特定国家或者地区的强制许可。所谓强制许可，是指国家行政机关在法定条件下做出的，允许具备条件的单位、个人实施他人发明或者实用新型专利的许可。根据《议定书》的规定，草案增加规定：为公共健康目的，对在中国取得专利权的药品，国务院专利行政部门可以给予制造并将其出口到下列国家或者地区的强制许可：（一）最不发达国家；（二）不具备该药品的制造能力或者制造能力不足，并依照中华人民共和国参加的世界贸易组织有关条约已经履行了相关手续的成员。（第十七条） 此外，《与贸易有

关的知识产权协定》规定，对专利权人排除、限制竞争的行为，可以通过实施强制许可，保障申请人的合理利益。据此，草案还增加规定：对经司法、行政程序确定为排除、限制竞争的行为，国务院专利行政部门可以给予申请人强制许可。（第十六条）

二是《生物多样性公约》规定，遗传资源的利用应当遵循国家主权、知情同意、惠益分享的原则，并明确规定，专利制度应有助于实现保护遗传资源的目标。目前，一些国家已经通过专利法律制度保护遗传资源。我国是遗传资源大国，为防止非法窃取我国遗传资源进行技术开发并申请专利，草案增加规定：依赖遗传资源完成的发明创造，申请人应当在专利申请文件中申明该遗传资源的直接来源和原始来源；无法申明原始来源的，应当说明理由。（第十四条） 并明确：遗传资源的获取或者利用违反有关法律、行政法规的规定的，不授予专利权。（第二条）

此外，草案还对现行专利法的部分条文做了文字修改。

全国人民代表大会法律委员会关于《中华人民共和国专利法修正案(草案)》审议结果的报告

全国人民代表大会常务委员会：

常委会第四次会议对专利法修正案(草案)进行了初次审议。会后,法制工作委员会将草案印发各省(区、市)、中央有关部门等单位征求意见。中国人大网站全文公布草案向社会征求意见。法律委员会、法制工作委员会召开座谈会,听取部分企业、科研单位和专家的意见,并就几个主要问题同有关部门交换意见,反复研究。法律委员会于12月1日召开会议,根据常委会组成人员的审议意见和各方面的意见,对修正案草案进行了逐条审议。教育科学文化卫生委员会和国务院法制办、国家知识产权局的负责同志列席了会议。12月16日,法律委员会召开会议,再次进行了审议。法律委员会认为,为了完善我国专利制度,推进科技进步和经济社会发展,对现行专利法进行修改是必要的,修正案草案基本可行;同时,提出以下主要修改意见：

一、现行专利法第二条规定:“本法所称的发明创造是指发明、实用新型和外观设计。”有些常委委员、教育科学文化卫生委员会和有些地方、部门、专家、群众提出，本法所称发明创造中的发明、实用新型和外观设计的含义，属于专利法的重要内容，应当在专利法中作出规定。法律委员会经同教育科学文化卫生委员会和国务院法制办、国家知识产权局研究认为，现行专利法实施细则对发明、实用新型和外观设计的含义作了规定，将其纳入到法律中规定更为恰当。据此，法律委员会建议，在专利法中增加对发明、实用新型和外观设计的定义的规定。（修改决定草案第二条）

二、修正案草案第九条规定，将现行专利法第二十条第一款修改为：将在中国完成的发明创造向外国申请专利的，应当事先经国务院专利行政部门进行保密审查。有些常委委员和地方、部门、群众提出，对保密审查的程序也应作出规定，并应明确违反这一规定的法律后果。法律委员会经同教育科学文化卫生委员会和国务院法制办、国家知识产权局研究认为，对保密审查的具体工作程序，可由国务院在本法实施细则中作出规定，与本法同步施行；对未经保密审查向外国申请专利，除构成泄露国家秘密的应依照本法和保密法的规定追究法律责任外，对以该项发明创造向中国申请专利的，不应当授予专利权。据此，法律委员会建议对上述规定作相应修改，增加规定：保密审查的具体办法由国务院规定；对未依法经保密审查向外国申请专利的发明创造，在中国申请专利的，不授予专利权。（修改决定草案第十一条）

三、有些常委委员和地方、部门提出，现行专利法规定，管理专利工作的部门对假冒专利的行为应当进行查处，但没有规定相应的调查处理措施。为使管理专利工作的部门调查处理假冒专利行为有法可依，应对此作出规定。法律委员会经同教育科学文化卫生委员会和国务院法制办研究，建议增加规定：管理专利工作的部门在查处涉嫌假冒专利的行为时，可以询问有关当事人，查阅、复制与涉嫌违法行为有关的资料，对涉嫌违法行为的场所实施现场检查，对有证据证明是假冒专利的产品可以查封或扣押。（修改决定草案第三十条）

四、修正案草案第二十六条对现行专利法第六十一条第二款作了修改，规定：对涉嫌侵犯专利权的行为，专利权人或者利害关系人可以在起诉前申请人民法院责令他人停止有关行为；人民法院处理该申请，适用民事诉讼法关于财产保全的规定。最高人民法院和国家知识产权局提出，从实际情况看，人民法院作出责令他人停止有关行为，包括责令他人停止重大生产经营活动等行为的裁定，需要比作出财产保全的裁定更为慎重，对此难以完全适用民事诉讼法关于人民法院对诉前财产保全的申请应在四十八小时内作出裁定的规定。法律委员会经同最高人民法院研究，建议将修正案草案的上述规定作出修改，规定：专利权人或者利害关系人在起诉前向人民法院申请责令他人停止有关行为的，人民法院应在四十八小时内作出裁定；有特殊情况需要延长的，可以延长四十八小时。（修改决定草案第三十二条第三款）

此外，还对修正案草案作了一些文字修改。

法律委员会已按上述意见提出了全国人大常委会关于修改专利法的决定（草案），建议本次常委会会议审议通过。

修改决定草案和以上报告是否妥当，请审议。

全国人民代表大会法律委员会

2008年12月22日

全国人民代表大会法律委员会关于《全国人民代表大会常务委员会关于修改〈中华人民共和国专利法〉的决定(草案)》修改意见的报告

(2008 年 12 月 25 日在第十一届全国人民代表大会常务委员会第六次会议上)

全国人大法律委员会主任委员　胡康生

全国人民代表大会常务委员会:

本次常委会会议于 12 月 22 日下午对关于修改专利法的决定(草案)进行了分组审议。普遍认为,修改决定草案已经比较成熟,建议进一步修改后,提请本次会议表决通过;同时,有些常委委员又提出了一些修改意见。法律委员会于 12 月 23 日下午召开会议,逐条研究了常委委员的审议意见,对草案进行了审议。教育科学文化卫生委员会和国务院法制办、国家知识产权局的负责同志列席了会议。法律委员会认为,修改决定草案是可行的，同时提出以下主要修改意见：

一、修改决定草案第三条规定："对依赖遗传资源完成的发明创造，该遗传资源的获取或者利用违反法律、行政法规规定的，不授予专利权。"根据有的常委委员的意见，法律委员会建议将上述规定修改为："对违反法律、行政法规的规定获取或者利用遗传资源，并依赖该遗传资源完成的发明创造，不授予专利权。"（修改决定草案建议表决稿第三条第二款）

二、修改决定草案第十一条中规定，将在中国完成的发明或者实用新型向外国申请专利的，应当事先报经国务院专利行政部门进行保密审查。保密审查的具体办法由国务院规定。有的常委委员提出，应对保密审查的期限作出明确规定。国务院法制办和国家知识产权局表示，修改决定通过后，国务院将在相应修改的专利法实施条例中，对专利保密审查的程序、期限等作出具体规定。法律委员会经同教育科学文化卫生委员会和国务院法制办、国家知识产权局研究，建议将上述保密审查的"具体办法由国务院规定"的表述，修改为"保密审查的程序、期限等按照国务院的规定执行"。（修改决定草案建议表决稿第十二条）

三、现行专利法第十二条中规定，任何单位或者个人实施他人专利的，应当与专利权人订立书面实施许可合同。有的常委委员和部门提出，按照合同法的规定，当事人订立合同，有书面形式、口头形式和其他形式。实践中，专利数量不断增多，也并不是所有的专利实施许可合同都需要采用书面形式订立。法律委员会经同教育科学文化卫生委员会和国务院法制办、国家知识产权局研究，建议将上述规定中的"书面实施许可合同"中的"书面"二字删去。（修改决定草案建议表决稿第七条）

此外,根据有些常委委员的意见,还对修改决定草案作了一些文字修改。

修改决定草案建议表决稿已按上述意见作了修改,法律委员会建议本次常委会会议通过。

修改决定草案建议表决稿和以上报告是否妥当,请审议。

二、有关资料

地方和中央有关部门对专利法修正案(草案)的意见

最近,全国人大常委会法制工作委员会将专利法修正案(草案)印发各省、自治区、直辖市、中央有关部门、部分企业和研究机构征求意见。多数地方、部门和单位认为,为了保护专利权,促进科技进步,对专利法进行修改是必要的,修正案草案总体上可行;同时提出以下主要修改意见:

一、关于遗传资源的保护

草案第十四条对专利法第二十六条作了修改,增加规定:依赖遗传资源完成的发明创造,申请人应当在专利申请文件中申明该遗传资源的直接来源和原始来源;申请人无法申明原始来源的,应当说明理由。有的单位建议规定申请人不申明遗传资源来源且不说明理由的法律后果。

有些地方、部门和单位建议对遗传资源的概念作出规定。

二、关于专利权的授予

草案第十一条对专利法第二十二条作了修改，将专利权授予条件中的发明创造的“新颖性”标准，由专利法规定的“是指在申请日以前没有同样的发明或者实用新型在国内外出版物上公开发表过、在国内公开使用过或者以其他方式为公众所知”，修改为是指该发明或者实用新型不属于“申请日以前在国内外为公众所知的技术”。有的单位提出，这一修改提高了专利的授权标准，对国内发明创造是否有利，有无必要修改，建议再作研究。

草案第十三条对专利法第二十五条作了修改，增加规定：对平面印刷品的图案、色彩或者二者的结合作出的主要起标识作用的设计，不授予专利权。有的地方提出，对有些本身不能形成特殊形状的产品，应当允许申请平面外观设计专利。有些地方提出，我国目前技术发展水平不高，不应对外观设计专利提出过高要求，建议删去这一规定。

三、关于国有企业事业单位发明专利的推广应用

草案第六条对专利法第十四条作了修改，规定：国有企业事业单位的发明专利，国务院有关主管部门或者省、自治区、直辖市人民政府认为对国家利益或者公共利益具有重大意义的，经国务院批准可以在合理范围内推广应用，实施单位应当向专利权人支付使用费，使用费数额由双方协商确定。

有的地方建议，将这一条适用的对象修改为“以国家财政资助为主的科研项目所完成的发明创造”。有的地方提出，“在合

理范围内推广应用”的规定弹性较大，建议作出具体规定。有些地方建议增加使用费协商不成如何处理的规定。有的地方建议规定，双方不能就使用费数额达成协议的，由国务院专利行政部门裁决，或者申请国务院有关主管部门或省级政府在委托资产评估机构进行评估的基础上，通过听证会、论证会等形式确定。有些地方、单位建议删去这一条规定。

四、关于共有专利权的实施

草案第七条中规定：专利权共有人对权利的行使没有约定的，共有人可以单独实施或者以普通许可方式许可他人实施该专利；许可他人实施的，收取的使用费应当在共有人之间分配。

有的地方提出，共有财产的处分必须经共有人同意，建议删去“可以以普通许可方式许可他人实施该专利”的规定。有的地方和部门建议增加规定，单独实施或单独许可他人实施专利时应当告知其他共有人。有的部门提出，该规定可能导致共有人恶意许可利害关系人实施专利，损害其他共有人的利益。有的地方建议对共有人的普通许可作出限制，确定最低使用费标准，以保护其他共有人的利益。有的单位建议增加规定，如果专利许可的条件明显不合理，许可人应当给予其他共有人适当的补偿。有些地方建议明确许可使用费的分配方式。

有些地方提出，这一条没有明确共有人单独实施专利的收益分配问题，建议规定该收益归单独实施方所有；有的单位建议规定，单独实施该专利获得的收益，应当适当分配给其他共有人。

五、关于向外国申请专利的保密审查

草案第九条对专利法第二十条作了修改，规定：任何单位或者个人可以将其在中国完成的发明创造向外国申请专利，但应当事先经国务院专利行政部门进行保密审查。有的地方和单位提出，对向外国申请专利的如果都进行保密审查，有关部门可能负担过重。此外，审查发明创造是否涉及国家安全或者利益，不属于国务院专利行政部门的职责，建议对这条规定再作研究。有的部门建议增加规定，对是否涉及国家秘密不明确或者有争议的，应当由国家保密行政管理部门确定。有些地方、部门和单位建议增加保密审查期限和保密审查结果的规定。有的单位建议增加规定，未经审查擅自向外国申请专利的，对该发明创造在中国不授予专利权，或者对申请人处以罚款。

六、关于宣告专利权无效

专利法第四十五条、第四十六条规定，任何单位和个人认为专利权的授予不符合法律规定的，可以请求专利复审委员会宣告该专利权无效；对专利复审委员会宣告专利权无效或者维持专利权的决定不服的，可以向人民法院起诉。

有的企业提出，实践中存在滥用宣告专利权无效请求权的情况，建议对请求宣告专利权无效的主体和条件作出限制。有些地方、部门和单位提出，现行专利无效诉讼存在审理时间长、层级多以及循环诉讼等问题，建议将不服专利复审委员会决定的诉讼规定为以对方当事人为被告的民事诉讼。有的部门建议对专利权无效诉讼的规定进行修改，一种方案是维持现行的专利权无效程序，增加人民法院可以在特定情况下直接变更专利复审委员会决定的规定；第二种方案是将对专利复审委的决定不服提起的诉讼由行政诉讼改为民事诉讼，当事人对复审委的决定不服的，以对方当事人为被告按照民事诉讼法的规定向法院起诉，由法院一审终审或者两审终审。

七、关于专利实施的强制许可

草案对专利法第四十九条作了修改，规定：在国家出现紧急状态或者非常情况时，或者为了公共非商业性使用，可以给予强制许可。有的地方提出，“公共非商业性使用”的含义不清，建议恢复专利法“为了公共利益的目的”的规定。有的地方建议将“公共非商业性使用”修改为“为了公共利益的非商业性使用”。

草案第十九条规定：强制许可的实施应当为了供应国内市场。有的单位建议将“为了供应国内市场”修改为“主要是为了供应国内市场”。

八、关于管理专利工作的部门及其执法

专利法第三条中规定，省、自治区、直辖市人民政府管理专利工作的部门负责本行政区域内的专利管理工作。有些地方建议在“省、自治区、直辖市人民政府”后增加“和设区的市（州）人民政府”。有些地方建议将“省、自治区、直辖市人民政府”修改为“县级以上地方人民政府”。有些地方建议修改为“各级地方人民政府”。有的地方建议将“管理专利工作的部门”修改为“专利行政部门”。

专利法第五十七条规定，专利权人可以请求管理专利工作

的部门处理专利侵权纠纷。管理专利工作的部门认定侵权行为成立的,可以责令侵权人立即停止侵权行为。应当事人请求,管理专利工作的部门可以就侵犯专利权的赔偿数额进行调解。有些地方、部门和单位建议赋予管理专利工作的部门必要的执法手段,加大执法力度。有些地方建议增加管理专利工作的部门处理专利侵权纠纷的行政处罚权,以及询问当事人、查阅、复制有关资料、现场检查、调查取证、查封、扣押等权限。有的地方建议明确管理专利工作的部门有权对侵犯专利权的赔偿数额作出处理决定。

有的地方和单位提出,对专利权采取司法和行政两条途径保护是专利法制定之初所采取的特殊模式,随着形势的发展,管理专利工作的部门对专利侵权纠纷的处理已无必要,建议取消。

九、关于专利侵权纠纷的处理

草案第二十一条对专利法第五十七条第二款作了修改,规定:实用新型或者外观设计专利侵权纠纷,法院或者管理专利工作的部门可以要求专利权人或者利害关系人出具由国务院专利行政部门作出的专利权评价报告,该报告是判断专利权有效性的初步证据。有些地方和部门建议将“初步证据”修改为“依据”或“参考”。有些地方和单位提出,专利权评价报告的证据效力应当按照证据的法律规定处理,不必专门规定,建议删除“专利权评价报告是判断专利权有效性的初步证据”的规定。有的地方建议将“作出专利权评价报告”修改为“进行实质审查”。有的地方建议增加专利权人或者利害关系人对专利权评价报告有异议时可以提起复议的规定。有的单位提出,专利权评价报告如果否定了该专利权的有效性,该程序如何与专利权无效程序相衔接,建议再作研究。有的企业建议增加规定,将专利权转让、许可使用、质押担保的,利害关系人可以要求专利权人出具国务院专利行政部门作出的专利权评价报告。

草案第二十二条规定:在专利侵权纠纷中,被控告侵权人有证据证明其实施的技术或者设计属于现有技术或者现有设计的,不构成侵犯专利权。有些地方提出,该规定实际上赋予了审理侵权案件的法院宣告专利权无效的权力,法院专业技术知识有限,难以承担,建议删去。有的地方提出,该规定可能造成不同法院对同一专利权的效力判断相互冲突的情况,建议再作研究。

专利法第五十七条中规定,专利侵权纠纷涉及新产品制造方法的发明专利的,制造同样产品的单位或者个人应当提供其产品制造方法不同于专利方法的证明。有些地方提出,仅对新产品的制造方法规定举证责任倒置,不利于保护制造其他产品的方法专利,建议将“新产品”修改为“产品”。有些地方建议对“新产品”作出界定。

十、关于专利权的保护

1. 草案第二十五条对专利法第六十条作了修改,规定:侵犯专利权的赔偿数额由当事人协商确定。协商不成的,按照权利人因被侵权所受到的损失或者侵权人因侵权所获得的利益确定;被侵权人的损失或者侵权人获得的利益难以确定的,参照该专利许可使用费的倍数合理确定。权利人的损失、侵权人获得的利益和专利许可使用费均难以确定的,人民法院可以根据专利权的类型、侵权行为的性质和情节等因素,确定给予1万元以上100万元以下的赔偿。侵犯专利权的赔偿应当包括专利权人为制止侵权行为所支付的合理开支。

有些地方和部门提出,民事侵权的赔偿额,都可以由双方当事人协商确定,不需要在专利法中作专门规定,建议删去"由当事人协商确定"的规定。有的单位提出,"协商不成的,按照权利人因被侵权所受到的损失或者侵权人因侵权所获得的利益确定",实际上赋予了专利权人获取赔偿的选择权,建议修改为"协商不成的,按照权利人因被侵权所受到的损失赔偿;权利人因被侵权所受到的损失难以确定的,按照侵权人因侵权所获得的利益确定";并提出,"专利许可使用费的倍数"的规定与民事赔偿的"填补规则"相悖,建议删去。有的地方和单位提出"参照该专利许可使用费的倍数合理确定"的规定不明确。有些地方、部门和单位提出,"1万元以上100万元以下"的规定赋予法院过大的自由裁量权,建议区分专利的类型、侵权行为的性质和情节,规定不同的赔偿额范围。有些地方建议提高专利侵权赔偿额的下限。有的地方提出,不宜规定赔偿额下限。有的单位建议以列举的方式明确"专利权人为制止侵权行为所支付的合理开支"的具体范围;有的地方建议明确"合理开支"包括对侵权行为进行调查、取证所产生的合理费用及合理的律师费用等。

2. 草案第二十六条对专利法第六十一条作了修改,规定:专利权人或者利害关系人可以在起诉前、诉讼中向人民法院申请采取责令侵权人停止有关行为的措施。人民法院处理该申请,适用民事诉讼法有关财产保全的规定。有的地方提出,对"责令停止有关行为"不宜适用财产保全的规定。有的地方建议明确采取这项措施的条件。

3. 草案第二十三条对专利法第五十八条作了修改，规定：假冒他人专利的，由管理专利工作的部门没收违法所得，可以并处违法所得4倍以下的罚款；没有违法所得的，可以处20万元以下的罚款。

有的地方提出，该规定可能造成对没有违法所得的处罚比对有违法所得的处罚更重的情况，建议修改为“没收违法所得，可以并处20万元以下罚款”。有的地方提出，违法所得在实际执法中很难认定，建议将“可以并处违法所得4倍以下的罚款”修改为“可以并处20万元以下罚款”。有些地方提出，“20万元以下罚款”赋予管理专利工作的部门的裁量权过大。有的地方建议增加罚款的下限。

4. 有些地方和单位建议增加对重复侵权行为行政处罚的规定，即经专利行政管理部门或人民法院认定侵权行为成立后，侵权人再次侵犯同一专利权的行为，除依法承担民事责任外，由管理专利工作的部门责令改正并予公告，情节严重的，可以处以罚款。

十一、关于仿制药试验不视为侵犯专利权

草案第二十八条对专利法第六十三条作了修改，增加规定：为提供行政审批所需要的信息，拟制造药品或者医疗器械的单位或者个人制造专利药品或者专利医疗器械的，不视为侵犯专利权。

有的地方和单位提出，将不视为侵权行为的仿制药试验仅限于“制造”，范围过窄，建议增加“使用、进口”。有的地方建议

增加限制“制造专利药品或者专利医疗器械”的数量的规定。有的地方建议将该条规定的内容适用于“保健食品和化妆品”。

十二、关于防止专利权滥用

有些地方、部门和单位建议增加规定，专利权人恶意指控他人侵犯其专利权的，应当赔偿由此给被控侵权人带来的损失。有些地方和部门建议增加规定，专利权人自得知或应当得知侵权行为之日起，无正当理由超过两年向法院起诉或请求管理专利工作的部门处理的，侵权人对起诉或者请求处理日之前的行为不承担赔偿责任。有的部门建议增加规定，专利权人或者利害关系人向他人发出侵犯专利权的警告且未在合理期限内向人民法院起诉或者请求管理专利工作的部门处理的，民事权益受到损害的被警告人可以向人民法院起诉，请求确认不侵犯专利权。

十三、其他意见

1. 有些地方和单位建议，对发明、实用新型和外观设计在本法中作出定义。

2. 有些地方、部门和单位建议将专利法第十条中的“外国人”修改为“外国个人、外国企业或者外国其他组织”。

3. 专利法第十九条中规定，中国单位或者个人在国内申请专利和办理其他专利事务的，可以委托专利代理机构办理。有的部门建议在“专利代理机构”后增加“律师事务所”。有的单位建议在“专利代理机构”后增加“及其聘用的专利律师”。有的地方建议增加关于专利代理人法律地位及权利义务的规定。

有的地方建议增加规定,除依法设立的专利代理机构及其取得专利代理人资格的专利代理人外,均不得从事专利代理业务。

4. 草案第十二条对专利法第二十三条作了修改,规定:授予专利权的外观设计不得与他人在授权前已经取得的合法权利相冲突。有些地方建议将“授权前”改为“申请日”前,否则对申请人不公平。

5. 专利法第六十三条规定,在专利申请日前已经制造相同产品、使用相同方法或者已经作好制造、使用的必要准备,并且仅在原有范围内继续制造、使用的,不视为侵犯专利权。有的单位提出,对在此情形下制造的产品应当允许销售。建议对此再作研究。

6. 有的部门建议增加规定,国防专利的申请、审查、实施和管理方面的规定,由国务院、中央军事委员会依据本法制定。

7. 有的地方和部门提出,为提高专利质量,建议对实用新型和外观设计专利申请进行实质审查或部分实质审查。

一些单位和专家对专利法修正案(草案)的意见

全国人大常委会法工委于近日召开座谈会,听取部分企业、协会、科研机构、法院和专家对专利法修正案(草案)的意见。普遍认为,草案总体上可行,同时提出以下主要意见:

一、关于专利权的授予

草案第三条对专利法第九条作了修改,规定:同样的发明创造只能授予一项专利权。但是,同一申请人同日对同样的发明创造既申请实用新型专利又申请发明专利,先获得的实用新型专利权尚未终止,且申请人声明放弃该实用新型专利权的,可以授予发明专利权。有的专家提出,这一条将"先获得的实用新型专利权尚未终止"作为授予与该实用新型同日申请的发明专利权的前提条件,如果因为专利审查部门对发明专利申请的审查期限过长,导致申请人在先获得的实用新型专利权已因过期终止,而对发明专利权的申请尚未审查完毕,因此就不授予申请人发明专利权,对申请人不够公平。建议删去"先获得的实用新型专利权尚未终止"一句,只要该申请符合发明专利的授权条件,就应授予专利权。

草案第十一条将专利权授予条件中的发明创造的“新颖性”标准，由现行专利法规定的“是指在申请日以前没有同样的发明或者实用新型在国内外出版物上公开发表过、在国内公开使用过或者以其他方式为公众所知”，修改为是指该发明或者实用新型不属于“申请日以前在国内外为公众所知的技术”。有的单位提出，这一修改提高了专利授权的新颖性标准，在国内企业技术创新能力还不强的情况下，不利于国内企业获得专利权。建议再作研究。

二、关于仿制药实验不视为侵犯专利权

草案第二十八条增加规定：为提供行政审批所需要的信息，拟制造药品或者医疗器械的单位或者个人制造专利药品或者专利医疗器械的，不视为侵犯专利权。

有的专家提出，这一条规定的仿制药实验不视为侵犯专利权的范围过窄。建议借鉴其他一些国家的法律规定和判例，增加规定：对为提供行政审批所需要的信息而进口、销售，或者委托他人制造、进口、销售药品或者医疗器械的行为，视为不侵犯专利权。在我国新药研制能力较低的情况下，增加上述规定，有利于国内制药企业可及时生产有关的仿制药品，以适应公众用药的需要。

有的单位提出，这一规定对药品仿制者有利，但对药品专利权人不利。为平衡双方的利益，建议相应延长药品专利的保护期限，以利于保护我国中药专利权人的利益。

三、关于专利侵权纠纷的处理

草案第二十一条对专利法第五十七条第二款作了修改,规定:实用新型或者外观设计专利侵权纠纷,法院或者管理专利工作的部门可以要求专利权人或者利害关系人出具国务院专利行政部门作出的对相关实用新型或者外观设计进行检索、分析和评价的专利评价报告,该报告是判断专利权有效性的初步证据。有的单位提出,国务院专利行政部门应当只出具相关实用新型和外观设计的检索报告,不应对该项专利权作出评价。对专利权有效性的评价应由当事人或法院根据检索报告等证据作出。否则,专利行政部门自己出具的专利评价报告与自己授予的专利权之间的关系不好处理。

草案第二十二条规定,在专利法中增加一条规定:在专利侵权纠纷中,被控侵权人有证据证明其实施的技术或者设计属于现有技术或者现有设计的,不构成侵犯专利权。与会多数同志认为,在专利法中增加上述"现有技术抗辩"的规定是必要的,这有利于提高专利侵权案件的审理效率。有的专家提出,这一规定属于专利案件审理中的具体问题,可由最高人民法院通过司法解释规定,不必在法律中规定。

草案第二十七条对专利权人在提起专利侵权诉讼前申请法院进行证据保全作了规定。有的单位提出,法院审查专利侵权案件中的证据保全申请比审查一般侵权案件中的证据保全申请难度要大,这一条规定的人民法院应当自接受申请之时起48小时内作出裁定的期限太短,建议适当延长。

四、关于专利权无效纠纷的处理

专利法第四十五条、第四十六条规定：任何单位或者个人认为专利权的授予不符合法律规定的，可以请求专利复审委宣告该专利权无效；对复审委宣告专利权无效或者维持专利权的决定不服的，可以向法院起诉。

有的企业提出，按照专利法的上述规定，专利权无效纠纷的处理通常要经过专利复审委复审、法院一审、二审等多道程序，程序过于复杂，耗时过长，不利于保护专利权人的利益，建议研究修改。

有的单位提出：按照现行做法，当事人对专利复审委所作决定不服的，应以复审委为被告向法院提起行政诉讼；而按照行政诉讼法的规定，法院只能作出维持或者撤销复审委决定的判决，不能直接判决变更复审委的决定。这就导致一些案件中，复审委按法院的撤销判决重新作出决定后，当事人对复审委新作的决定不服，再次提起行政诉讼，形成循环诉讼，浪费行政资源和司法资源。建议修改专利法的有关规定，将专利权无效诉讼作为民事诉讼，一方当事人对复审委宣告专利权无效或者维持专利权的决定不服的，应当以对方当事人为被告提起民事诉讼。这样法院可以直接对专利权的效力作出判决。

有的单位不同意上述意见，提出：专利行政机关授予专利权的行为属于行政授权，专利行政机关设立的专利复审委作出的复审决定是行政决定，对复审委的决定不服提起的诉讼属于行政诉讼。如果将专利无效诉讼作为民事诉讼，法院可直接判决否定专利行政部门作出的专利授权决定，是以法院的判决直接取代了行政机关的决定，不符合法律对国家机关职能分工的规定。从实际情况看，按照现行专利法规定的程序审理专利权无效纠纷，循环诉讼问题并不突出。某法院行政庭近三年来审理的专利权无效案件中，法院一审判决撤销专利复审委宣告专利权无效决定的比例不到10%；复审委重新作出决定后，当事人不服再次向法院起诉的案件仅占复审委处理案件总量的0.2%。对现行专利法关于专利权无效纠纷处理程序的规定没有必要修改。

有的单位提出，为适当简化专利权无效纠纷案件的审理程序，建议赋予法院在一定条件下可直接判决变更专利复审委对专利权效力所作决定的权力，或者在专利权无效纠纷处理程序中的复审委复审、法院一审、二审三道程序中减少一道程序，或者规定在专利权无效诉讼中不以专利复审委为被告。

有的专家建议，赋予专利复审委以准司法机构的地位，对其决定不服向法院提起诉讼的，法院可一审终审。以简化专利无效案件的审理程序。

有的单位建议，增加关于专利授权前异议程序的规定，即专利申请公告后，任何单位和个人均可对该申请提出异议。这样可以在一定程度上将是否应当授予专利权的纠纷解决在授权之前，减少授权后申请宣告专利权无效案件的数量。

五、其他意见

1. 专利法第十七条规定，发明创造专利实施后，被授予专利权的单位应当根据其推广应用的范围和取得的经济效益，对职务发明创造的发明人或者设计人给予合理报酬。有的企业提出，上述规定过于绝对。企业和科研单位也可以对职务发明的发明人、设计人给予职务晋升等方式进行奖励。建议增加规定，允许单位与发明人、设计人在合同中对奖励的具体方式作出约定。

2.草案第九条对专利法第二十条作了修改，规定任何单位或者个人可以将其在中国完成的发明创造向外国申请专利，但应当事先经国务院专利行政部门进行保密审查。有的专家建议对保密审查的程序予以明确，并尽量简化，以避免给国内单位对外申请专利造成不便。

3.有些专家认为，发明专利与实用新型专利和外观设计专利差别较大，建议改变都放在一部法律中规定的做法，分别立法。

4.有的专家建议，在草案中增加有关防止专利权滥用的规定。有的单位建议，增加关于确认不侵权诉讼的规定，以防止专利权人滥用权利，侵犯其竞争对手的合法权益。

5.有的单位建议，在专利法中增加专利代理律师的规定，以明确其法律地位。

中国人大网上
对专利法修正案(草案)的意见

专利法修正案(草案)在中国人大网上公布征求意见以来,各地群众通过网络积极提出意见。截至10月10日,共收到意见1526条(另外还收到32封来信反映意见)。现将主要意见简报如下:

一、关于专利权的授予

1. 草案第三条在现行专利法第九条中增加一款规定:"同样的发明创造只能授予一项专利权。但是,同一申请人同日对同样的发明创造既申请实用新型专利又申请发明专利,先获得的实用新型专利权尚未终止,且申请人声明放弃该实用新型专利权的,可以授予发明专利权。"

有的意见提出,这一款中的"同样的发明创造只能授予一项专利权"的规定含义不清,是指同样的发明创造不得先后授予两项专利权,还是指在某一时间段内不能同时有两项专利权并存,建议明确。

有的意见认为,草案未对同一申请人在不同日对同样发明创造提出不同专利申请时如何处理作出规定,建议明确。有的意见提出,同一申请人在“同日”和“不同日”对同样的发明创造既申请实用新型专利又申请发明专利,只要在后申请时,在先申请没有公开,即在后申请不违反新颖性、创造性等条件的,就应予以授权。实践中大量存在实用新型和发明不在同一日申请的情况,现行做法也是允许的。草案只规定同一申请人在“同日”对同样的发明创造申请两种专利的可以授予发明专利权,限制过严,对申请人不利,与现行做法也不一致。因此,建议删去“同日”。有的意见则认为,允许同一申请人不同日提出申请将会延长专利保护期,建议维持草案的规定不作修改。有的意见建议增加规定,同一申请人先后对同样的发明创造申请实用新型专利和发明专利,未要求优先权的,只能对先申请的专利授予专利权。

有的意见提出,将申请人“先获得的实用新型专利权尚未终止”作为授予发明专利权的前提条件之一,没有必要,建议删去。有的建议规定,在授予发明专利权时,申请人先前获得的实用新型专利权自动终止。

2. 草案第十一条对现行专利法第二十二条第二款作了修改,将专利权授予条件中的发明创造的“新颖性”标准,由现行专利法规定的“是指在申请日以前没有同样的发明或者实用新型在国内外出版物上公开发表过、在国内公开使用过或者以其他方式为公众所知”,修改为是指该发明或者实用新型不属于“申请日以前在国内外为公众所知的技术”。

有的意见赞成草案关于提高专利授权的新颖性标准的规定。有的意见则认为,提高授权标准不利于现阶段我国企业消化吸收国外的先进技术,草案的规定较为超前。在目前我国专利检索质量不高的情况下,采用这一标准难以改变垃圾专利申请量居高不下的局面,提高专利质量,反而会加大专利审查的难度,延长专利审查期限,降低专利授权率。同时也会使被授权的中国专利更有可能被判定无效。因此,建议维持现行专利法关于新颖性标准的规定。

3. 草案第十三条对现行专利法第二十五条第一款作了修改,增加规定:对平面印刷品的图案、色彩或者二者的结合作出的主要起标识作用的设计,不授予专利权。有的意见认为,“平面印刷设计”也是创造性劳动,应受到法律保护。草案的规定不利于鼓励包装和包装设计企业的自主创新。平面印刷品的图案、色彩或者二者的结合是消费者判断不同产品的主要依据,如果不给予专利保护,将使企业产品包装很容易被仿冒,不利于保护消费者的利益和维护正常的竞争秩序。

二、关于国有企业事业单位发明专利的推广应用

草案第六条对现行专利法第十四条作了修改,规定:“国有企业事业单位的发明专利,国务院有关主管部门或者省、自治区、直辖市人民政府认为对国家利益或者公共利益具有重大意义的,经国务院批准可以在合理范围内推广应用,实施单位应当向专利权人支付使用费,使用费数额由双方协商确定。”

有的意见认为,这一条规定是计划经济的产物,与目前的经济体制已经不相适应,建议删去。有的意见认为,对不同所有制的企业应当平等对待,专利强制推广不应当仅针对国有企事业单位。有的意见建议将这一条中的“国有企业事业单位的发明

专利”修改为“承担国家投资的科研项目所完成的发明创造”。

有的意见提出,这一条对专利权人和实施单位无法协商一致时如何确定专利权使用费未作规定,建议增加。有的意见建议依据公平原则合理确定专利权使用费。

三、关于专利权的共有

草案第七条规定:专利申请权或者专利权由两个以上单位或者个人共有,共有人对权利的行使有约定的,从其约定。没有约定的,共有人可以单独实施或者以普通许可方式许可他人实施该专利;许可他人实施该专利的,收取的费用应当在共有人之间分配。除上述规定的情形外,行使共有的专利申请权或者专利权应当取得全体共有人的同意。

有的意见提出,草案规定共有人可以不经其他共有人同意以普通许可方式许可他人实施专利,实际上是放宽了专利权共有人实施普通许可的权限,虽在一定程度上有利于技术进步,但在实践中容易被滥用。在共有人之间存在矛盾冲突的情况下,可能会出现一方共有人随意大量进行普通许可,导致其他共有人原本享有的专利权事实上丧失其专有属性。草案没有规定普通许可使用费的标准,使用费的确定有较大的随意性,容易为一方共有人与第三方串通采用低使用费的方式滥用普通许可损害他方共有人利益。这一规定不符合专利权共有人对专利共同共有的性质,在客观上无法保障其他专利共有人的实施收益权,不利于鼓励合作开发技术。有的意见建议,按照物权法中有关共有物分割的规定来处理这个问题,即将专利权折价,对不同意其他共有人单独实施以及许可他人实施专利的该共有人的份额,由其他共有人购买。

四、关于向外国申请专利的保密审查

草案第九条对现行专利法第二十条第一款作了修改,规定:“任何单位或者个人可以将其在中国完成的发明创造向外国申请专利,但应当事先经国务院专利行政部门进行保密审查。”

有的意见认为,草案删除了现行专利法关于向外国申请专利须先申请中国专利的规定,这有利于鼓励我国单位和个人直接向外国申请专利。有的意见则认为,这一修改方便了在华跨国公司转移技术,不利于维护我国的国家利益。

有的意见建议明确国务院专利行政部门进行保密审查的期限。有的意见建议增加规定,保密审查的具体程序由国务院另行规定。有的建议增加规定,未经保密审查而向外国申请专利的,其在中国申请专利,不授予专利权。

五、关于专利实施的强制许可

现行专利法第四十九条规定:“在国家出现紧急状态或者非常情况时,或者为了公共利益的目的,国务院专利行政部门可以给予实施发明专利或者实用新型专利的强制许可。”有的意见认为,草案将这一条中的“公共利益”修改为“公共非商业性使用”,含义不明确,建议维持现行专利法的规定。

草案第十八条增加了对半导体技术发明创造的强制许可的规定。有的意见认为,没有必要对某一项特定技术的发明创造的强制许可作出规定,建议在实施细则中作具体规定。

六、关于专利侵权纠纷的处理

草案第二十一条对现行专利法第五十七条第二款作了修改，规定：专利侵权纠纷涉及实用新型专利或者外观设计专利的，人民法院或者管理专利工作的部门可以要求专利权人或者利害关系人出具由国务院专利行政部门作出的对该实用新型或者外观设计进行检索、分析和评价的专利权评价报告，作为判断专利权有效性的初步证据。有的意见认为，由国务院专利行政部门作出专利评价报告耗时过长，不利于专利侵权纠纷的解决。有的意见提出，专利权评价报告的性质以及是否可以对其提起行政诉讼，草案未作规定，建议明确。

草案第二十二条增加了关于现有技术抗辩的规定："在专利侵权纠纷中，被控告侵权人有证据证明其实施的技术或者设计属于现有技术或者现有设计的，不构成侵犯专利权。"有的意见认为，这一条规定实际上赋予法院在专利侵权诉讼中可以认定专利权无效的权力，这可能会与专利行政部门的认定不一致，建议进一步研究。有的建议对这一规定作必要的限制，如规定：进行抗辩的现有技术方案和现有设计不能组合；"属于现有技术或现有设计"是指：被控侵权技术或设计与一项完整的现有技术或现有设计完全相同。有的意见认为，根据民事诉讼程序的一般原理，被控侵权人有抗辩的权利，如果他能够证明其行为不构成侵权，对其侵权的指控当然不成立。因此，没有必要在专利法中对这一问题作出规定。

七、关于专利权的保护

草案第二十三条、第二十四条分别对现行专利法第五十八条、第五十九条作了修改,对假冒他人专利的行为和以非专利产品冒充专利产品、以非专利方法冒充专利方法的行为,提高了罚款数额。有的意见提出,“假冒他人专利”在实践中很少发生,建议不作规定。有的意见认为,这两条只对罚款幅度的上限作了规定,建议增加对罚款幅度下限的规定。有的建议将草案第二十四条中关于“以非专利产品冒充专利产品、以非专利方法冒充专利方法”的规定修改为“冒充专利”。

草案第二十五条对现行专利法第六十条作了修改,将专利侵权的法定赔偿额从现行专利法规定的 50 万元以下修改为“1 万元以上 100 万元以下”。有的意见认为,草案规定法定赔偿额下限为“1 万元”过低。根据近年的维权实践,侵权人每侵犯一项专利权(如外观设计专利),其所获的利润均至少超过 10 万元以上,多则上百万元以上,并且目前法院判决赔偿时常以最低法定赔偿额作为参考,加上地方保护主义等因素,常常判决额度较低。这不利于打击侵权行为,保护技术创新。建议将法定赔偿额下限提高至 5 万元。有的意见建议,对同一侵权人再次侵犯专利权的,其法定赔偿额下限提高至 10 万元。有的意见建议,将“100 万元”的法定赔偿额的上限增加至 500 万元。有的意见建议,对侵权行为采取惩罚性赔偿措施。有的意见认为,草案规定的赔偿数额幅度过大,建议修改。有的意见建议,根据所侵害的专利权的类型确定不同的赔偿幅度。有的意见认为,草案对专利侵权行为只规定了民事责任,建议增加对专利侵权行为行政处罚的规定。

八、其他意见

1. 有的意见认为,草案第一条中规定的“促进科学技术进步和经济社会发展，建设创新型国家”与本法的立法目的没有直接关系，建议删去。

2. 有的意见建议，健全地方专利行政管理体系，增加专利管理机构职权，加大打击专利违法行为的力度。

3. 有的意见建议，在草案中增加有关发明、实用新型、外观设计定义的规定。

4. 有的意见认为，外观设计与发明、实用新型相比，区别较大，建议对其单独立法。有的意见提出，由于专利行政机关对外观设计和实用新型不进行实质审查，建议将现行法对外观设计和实用新型采取的许可制改为登记制。

5. 有的意见建议，缩短实用新型专利的保护期限。

6. 有的意见提出，我国对专利申请的审查时间较长，建议明确规定专利审查的期限。

7. 有的意见建议，将草案第十条中规定的“传播专利信息”改为“发布专利信息”。

8. 有的意见提出，应进一步明确专利代理机构、代理人的法律地位。有的意见建议，允许其他机构、个人从事代理专利申请等专利事务。

关于发明创造新颖性的判定标准

在国务院即将提请全国人大常委会审议的专利法修正案（草案）中，涉及对现行专利法有关新颖性判定标准的修改。现将专利法新颖性规定的有关内容简介如下：

一、新颖性的含义及判定标准

根据我国专利法的规定，一项发明创造获得专利权的条件是其具备新颖性、创造性和实用性。所谓新颖性，是指发明创造是新的，不是现有技术或者现有设计，即在申请日前没有公开发表和公开使用过，也没有以其他方式向公众公开过。判断发明创造是否具有新颖性，需要考虑在什么地域内比较，以及发明创造的公开方式。实践中，有的技术方案是通过专利文献、教材、专著、学术期刊等出版物方式公开的，有的则是直接通过产品的销售或者使用等方式公开。如果采用“在全世界范围内既没有公开发表过也没有公开使用过”作为衡量新颖性的标准，就称为绝对新颖性。如果采用“在全世界范围内没有公开发表过、在国内没有公开使用过也没有以其他方式公开过”作为标准，则称为相对新颖性。

二、专利法关于新颖性判定标准的规定及拟修改的原因

专利法第二十二条规定："新颖性，是指在申请日以前没有同样的发明或者实用新型在国内外出版物上公开发表过、在国内公开使用过或者以其他方式为公众所知，也没有同样的发明或者实用新型由他人向国务院专利行政部门提出过申请并且记载在申请日以后公布的专利申请文件中。"即我国专利法采用的是"相对新颖性"标准。因此，如果某项技术在全世界的出版物上没有公开，在国内也没有以使用或者销售等方式公开，即使其在国外已经以使用或者销售等方式公开，仍然可以被授予专利权。这一规定源于 1985 年制定的专利法，当时的主要考虑：一是限于当时的科技经济条件，对发生在国外的使用、销售等非出版物方式的公开进行取证非常困难；二是我国当时的科技水平较低，通过对那些已经在国外公开使用或以其他方式为公众所知但尚未公开出版的技术给予专利保护，在一定意义上可以鼓励申请人在我国获得专利权并加以实施，从而促进我国经济的发展。

近年来，随着经济全球化和科学技术的迅猛发展，尤其是网络技术的突飞猛进，出版物公开与非出版物公开之间的界限已经越来越模糊，将以出版物以外的方式公开限制在我国地域之内已经变得没有实际意义，且缺乏可操作性。更为重要的是，允许在国外已通过使用、销售等方式为公众所知的技术在我国被授予专利权，不利于鼓励真正的发明创造；让国外已经能够为公众自由使用的技术或者设计在我国受到专利权的保护，也会损害中国公众的合法利益，使其无法自由使用在国外已经处于自

由使用状态的技术或者设计。为此,国务院提交的专利法修正案(草案),将现行专利法采用的“相对新颖性”标准修改为“绝对新颖性”标准。

三、一些国家对新颖性判定标准的规定

对新颖性的判定标准,各国规定不一。根据掌握的资料,美国、韩国等国家采取相对新颖性标准;日本、英国、加拿大、澳大利亚、巴西等国家采取绝对新颖性标准。

国际公约及有关国家、地区关于专利强制许可的规定

国务院即将提请全国人大常委会审议的专利法修正案(草案)依据有关国际公约,并参考有关国家和地区立法例,对专利强制许可制度进行了补充和完善。现将该制度及有关国家和地区关于专利强制许可的规定简介如下:

一、专利强制许可制度

专利强制许可制度,又称非自愿许可制度,是指国家专利行政机关或者司法机关,依据法定条件和程序,不经发明、实用新型专利权人的同意,向特定对象颁发实施其专利的许可,同时由被许可人向专利权人支付许可费的制度。

依照法律规定,专利权人对其发明创造在法定期限内享有独占权或专有权,即在专利权的有效期内,任何单位和个人未经专利权人许可,不得实施其专利,否则就构成对专利权的侵犯。但是,专利权人的专有权并不是绝对的。设立专利制度的最终目的是促进科技创新和技术进步。为保证这一目的的实现,防止专利权人对其专利技术不适当的垄断,促使获得专利权的发

明创造得以实施，在某些情况下需要对专利权人的专有权进行一定的限制，即由法律规定的行政、司法机关授予特定对象实施某专利，而无须经过该专利权人的许可。这就是专利强制许可制度产生的背景。专利强制许可制度是限制专利权滥用、实现专利权人利益与社会公众利益平衡的重要法律手段。有关国际公约及许多国家和地区的专利法或相关法律中都规定了这一制度。

二、有关国际公约关于专利强制许可的规定

（一）巴黎公约的规定

《保护工业产权巴黎公约》第 5 条 A 款规定，本联盟各国都有权采取立法措施规定授予强制许可，以防止由于行使发明、实用新型专利所赋予的专有权而可能产生的滥用，例如：不实施。同时该公约规定了授予强制许可的条件：1. 授予强制许可的申请应当在提出专利申请之日起满 4 年，或自授予专利之日起满 3 年提出；2. 这种强制许可不是独占性的，而且除与利用该许可的部分企业或商誉一起转让外，不得转让，包括授予分许可证的形式在内。

（二）TRIPs 协定（世界贸易组织《与贸易有关的知识产权协定》）的规定

TRIPs 协定第 31 条明确规定，任何一个世界贸易组织的成员方可以通过制定国内法允许未经权利人授权而对专利的标的事项作其他使用，包括政府或经政府许可的第三者的使用。同时，该条规定了授予强制许可时应遵守的条件，主要包括：

1. 在合理的期限内，强制许可的被许可方没能以合理的商

业条件获得专利权人实施其专利的许可。但是,在发生全国性紧急状态或其他极端紧急状态或为公共的非商业性目的而使用的情况下,成员方可放弃上述要求。

2. 强制许可的范围和期限应限制在被授权的意图之内。至于半导体技术,只应用于公共的非商业性目的,或用于抵消在司法或行政程序后被确定的反竞争的做法。

3. 强制许可应是非独占性的。

4. 强制许可应是不可转让的,除非同享有此类使用的那部分企业或信誉一同转让。

5. 强制许可应主要为满足国内市场供应的目的。

6. 当导致强制许可的理由不存在时,应终止许可。

7. 视具体情况向权利人支付充分的补偿金。

8. 强制许可的授权及补偿金的有关决定应接受司法审查或其他独立审查。

9. 若是为抵消司法或行政程序后被确定为反竞争做法而给予强制许可,则成员方没有义务适用上述第(1)和第(5)的规定。

10. 在对“依存专利”授予强制许可的情形下(即后一专利的实施依赖于前一专利,未经前一专利权人的同意而授予后一专利权人实施前一专利的强制许可),应符合下列条件:第一,后一专利应比前一专利具有经济意义更大的重要的技术进步;第二,前一专利权人有权以合理的条件享有使用后一专利的权利。

2005 年 12 月,世界贸易组织总理事会通过了《修改 TRIPs 协定议定书》,对 TRIPs 协定进行了部分修改,在第 31 条之后增加内容作为第 31 条之二,规定:在符合有关条件的前提下,各成员方可以授予企业生产并出口特定专利药品的强制许可。实际是适当放宽了 TRIPs 协定第 31 条关于授予强制许可应“主要满足国内市场需要”的限制性规定，以更好地解决公共健康问题。该议定书要求成员在 2007 年 12 月 1 日或部长级会议可能决定的更晚日期之前接受议定书，并在三分之二成员接受后生效。同时，不允许成员对议定书提出保留。目前，美国、挪威、瑞士、萨尔瓦多、韩国、印度、菲律宾等国家已通知世界贸易组织接受议定书。2007 年 10 月 28 日，我国第十届全国人民代表大会常务委员会第三十次会议批准了该议定书。

三、有关国家和地区关于专利强制许可的规定

各地在遵守上述国际公约关于强制许可规定的前提下，根据本地情况，对强制许可的规定不尽相同。从目前掌握的资料看，一些国家和地区对授予强制许可理由的规定主要是：

1. 因专利权人不实施专利

创设专利制度的目的在于通过授予专利权人一定的独占权，鼓励发明创造，并通过专利的实施促进经济发展和社会进步。如果专利权人在获得专利权后长时间不实施其专利，该发明创造不能为社会带来效益，就违背了专利制度的创设目的。因此，很多国家和地区都规定，在专利权人不实施或不充分实施其专利的情况下，可以授予强制许可。比如：韩国专利法第 107 条规定，除自然灾害、不可避免的情形或者其他由总统令规定的正当理由外，发明专利连续超过三年没有在韩国实施；或者在合理条件下对发明专利的国内要求没有满足到适当程度，可以授予强制许可。澳大利亚 1990 年专利法第 133 条规定，如果公众

在该发明专利方面的合理需求未被满足,并且专利持有人未就不能实施该专利作出合理解释,可以授予强制许可。德国专利法第24条规定,如果专利权人不在国内实施发明专利,为确保该专利产品在国内市场上的充分供应,可以授予强制许可。英国1977年专利法第48条规定,自授予专利权之日起满三年后,或可能规定的其他期限届满后的任何时间,如果该项发明专利未作商业性实施或未在商业上尽可能作最大限度的实施,专利局长可以根据申请签发强制许可证书。加拿大专利法第65条规定,在授予专利权三年期满后,如果在合理的期限内发明专利产品不能充分满足加拿大国内市场需求,可以视为存在专利权滥用的情况,专利局长可以签发强制许可证书。

2.为公共利益需要

当国家出现紧急状态,或为了其他公共利益的目的,有时需要不经专利权人同意而许可他人实施其专利。许多国家和地区把公共利益需要作为授予专利强制许可的理由。比如日本专利法第93条和实用新型法第23条规定,特许发明或者注册实用新型的实施对公众利益特别必要时,可以授予强制许可。英国1977年专利法第55条规定,任何政府部门和政府部门以书面形式授权的任何人有权为了王国的工作需要,在联合王国实施一项发明专利而无须取得专利权人的同意。我国台湾地区“专利法”第76条规定,为因应国家紧急情况或增进公益的非营利使用,可以授予强制许可。

美国专利法中没有关于专利强制许可的规定,但其司法和司法程序法第四部分第1498条a款规定,允许联邦政府和政府许可的第三人在给予“合理和完全补偿”的情形下,不经专利权人的同意而实施其专利技术。同时,美国空气清洁法对控制空气污染的专利的强制许可,原子能法对原子能专利的强制许可,植物品种保护法对有性繁殖的植物新品种专利的强制许可,均作了规定。上述强制许可,有属于为了公共利益需要而授予的强制许可。

3. 为制止垄断行为

如果专利权人滥用其专利权,以排除、限制竞争为目的拒绝授予专利许可,就可能构成反垄断法中规定的垄断行为(主要是滥用市场支配地位行为)。为了消除该行为对市场的影响,有关部门可以不经专利权人的同意而授予强制许可。同时,在反垄断法规范的经营者集中活动中,为了降低参与集中的经营者的竞争力,防止过度地排除、限制竞争,有关政府部门有时也会以专利强制许可作为批准集中行为的附加条件。比如韩国专利法第 107 条规定,在司法或行政程序后,为了对被判定为不正当的行为进行补救,可以授予发明专利强制许可。英国 1977 年专利法第 50 条和第 51 条规定,在企业合并或者进行市场调查后,竞争委员会或者国务大臣认为存在专利权人限制被许可人或者拒绝以合理条件授予专利许可,构成垄断行为的情况,可以向专利局局长申请采取行动;专利局局长可以授予专利强制许可。我国台湾地区"专利法"第 76 条规定,专利权人有限制竞争或不公平竞争的情形,经法院判决或行政院公平交易委员会处分确定的,专利机关可以授予特定对象该专利的强制许可。

4. 为"依存专利"的有效实施

如果一项专利比前一专利具有显著经济意义的重大技术进步,其实施又有赖于前一专利的实施的,一些国家和地区规定,对“依存专利”的专利权人可以授予实施前一专利的强制许可。比如澳大利亚 1990 年专利法第 133 条规定，如果法院确信后一件发明专利比前一件发明专利具有重要经济意义的重大技术进步，而且其实施依赖于前一件专利的实施的，可以给予后一项发明专利的权利人实施前一专利的强制许可。我国台湾地区“专利法”第 78 条规定，再发明（指利用他人发明或新型之主要技术内容所完成的发明）专利权人与原发明专利权人未能就交互授权实施达成协议的，可以依据该法的规定申请强制许可。

此外，根据巴黎公约和 TRIPs 协定关于授予强制许可应当遵守的条件的规定，许多国家和地区的专利法也都作了相应规定。

关于遗传资源保护的规定

在国务院提请审议的专利法修正案(草案)中,增加了有关遗传资源保护的规定,即"依赖遗传资源完成的发明创造,该遗传资源的获取或者利用违反有关法律、行政法规的规定的,不授予专利权"。"依赖遗传资源完成的发明创造,申请人应当在专利申请文件中申明该遗传资源的直接来源和原始来源;申请人无法申明原始来源的,应当说明理由。"现将遗传资源保护的有关情况简介如下:

一、遗传资源的概念及国际公约对遗传资源保护的规定

遗传资源是指具有实际或潜在价值的遗传材料,而遗传材料是指来自植物、动物、微生物或其他来源的任何含有遗传功能单位的材料。随着生物技术的发展,遗传资源在农业、医药、化工、环保等领域发挥着越来越重要的作用。由于缺乏有效的制度和措施,创新能力较强的发达国家往往在发展中国家不知情的情况下使用其遗传资源,而由此获得的专利权等知识产权又具有独占性,使提供遗传资源的国家不仅不能分享专利权人因此获得的经济利益,如果使用其专利,还要支付许可费。在发展

中国家的推动下，国际上逐渐形成了以《生物多样性公约》（CBD）为核心的一系列遗传资源保护规则。比如CBD确立的国家主权原则、事前知情同意原则和惠益分享原则，即各国对其遗传资源拥有主权，遗传资源的取得须经提供这种资源的缔约国事先知情同意，并应就所得惠益与提供国公平分享。同时，CBD规定，“缔约国认识到专利和其他知识产权可能影响到本公约的实施，因而应在这方面遵照国家立法和国际法进行合作，以确保此种权利有助于而不违反公约的目标。”2002年CBD缔约方大会通过了指导性的《关于获取遗传资源并公正和公平分享通过其利用所产生惠益的波恩准则》，对建立遗传资源获取和利益分享机制提出进一步的立法建议和行为准则。

二、国际上对是否应在专利法中规定遗传资源保护问题的态度

1. 印度、巴西等资源丰富的发展中国家提出，为了落实CBD的原则，应当修改TRIPs（与贸易有关的知识产权协定）等国际公约，规定专利申请人有披露遗传资源来源的义务。美国、日本等发达国家则坚决反对，因而这一问题在国际公约层面很难达成一致。鉴于此，一些发展中国家在努力推动修改国际公约的同时，在国内制定了专门保护遗传资源的法律，并相应修订本国的专利法，明确专利申请人应当在申请文件中披露遗传资源的来源，否则将驳回专利申请，对已授权的专利宣告无效。比如：

印度专利法（2002年修正案）规定，申请人应当在专利申请中披露发明创造所利用的生物材料的来源；未公开或者错误说明来源信息的，专利申请未授权的将被驳回，已授权的将被

撤销。

巴西《遗传资源管理暂行条例》规定，专利申请中涉及使用遗传资源的，申请人必须标明遗传资源的来源。对基于使用遗传资源而获得的产品或方法授予专利权，应当符合该法的规定。

安第斯共同体391号、第486号决议（该决议对秘鲁、委内瑞拉等五个成员国有效）规定，申请专利保护的产品或方法是源于使用成员国的遗传资源获得的，申请人应当提供获取遗传资源合同的副本，作为获得专利权的前提条件。对违反上述义务的，成员国有权宣告专利无效。此外，受到影响的成员国可以向专利权授予国请求宣告专利无效。

2. 以美国为代表的部分发达国家，强烈反对为落实CBD原则而修改TRIPs等国际公约。其主张在专利法框架之外，由各国单独立法对遗传资源实施保护，并由当事人通过签订合同落实CBD的事前知情同意等原则。

3. 欧盟国家同意在专利法中落实遗传资源来源的揭示义务，但是反对将其和专利权的效力联系起来。比如：

欧盟《关于生物技术发明的法律保护》的9 8/44号指令叙述部分（此部分没有法律约束力）指出，“如果一项发明是以植物或动物的生物材料为基础或如果它使用了这种材料，在适当和可知的情况下，专利申请应该包括这种材料的地理来源的信息，……这不对专利申请的处理或已授权专利的有效性带来损害。”

挪威专利法（2004年5月修正）规定，如果一项发明涉及或者使用了生物材料，该专利申请应包含发明人收集或得到该材料的国家的信息。如果依照提供国法律，生物材料的获取应得到事先同意,该申请应说明是否得到此项同意。违反披露义务将承担刑事责任,但不妨碍专利申请的处理和已授权专利的效力。

瑞士专利法(2007年修改)规定,专利申请应当披露发明创造所直接依赖的遗传资源或相关传统知识的来源;当发明人或者专利申请人都不知道来源的,申请人应当就此予以书面确认;故意进行错误披露的,给予最高额为10万瑞士法郎的罚款。

三、在我国专利法中增加遗传资源保护规定的意义

我国的遗传资源非常丰富。为了更好地保护我国的遗传资源,应当尽快制定专门法律。而在专利法中增加有关规定,有利于对发明创造中使用遗传资源行为的监管,防止对违反我国有关遗传资源管理的规定而申请的发明创造授予专利权。

关于专利权权利用尽的规定

一、专利权权利用尽原则

根据专利法的规定，专利权人对其专利具有独占权，未经专利权人许可，不得实施其专利，即不得为生产经营目的制造、使用、许诺销售、销售、进口其专利产品，或者使用其专利方法以及使用、许诺销售、销售、进口依照该专利方法直接获得的产品。专利权权利用尽是指专利产品在合法售出（包括专利权人自己售出或者经专利权人许可的人售出）后，对这些产品的使用、许诺销售、销售等行为不再需要经过专利权人的许可，购买者可自由处置。这是对专利权的一种合理限制，目的是防止专利产品在市场上的流通和使用受到限制，以维护正常的经济秩序。

专利权权利用尽包括三种类型，即"国内用尽"、"地区用尽"和"国际用尽"。"国内用尽"是指专利产品在被授予专利权的国家合法售出后，购买者对该专利产品在该国有自由处置的权利。"地区用尽"是指专利产品在该区域被授予专利权的一个国家合法售出后，购买者对该专利产品在该区域内具有自由处置的权利，但是在区域之外合法售出的专利产品，未经专利权人许可而进口到区域之内的成员国，专利权人仍有权禁止。这一原则适用于欧盟地区。“国际用尽”是指专利产品在被授予专利权的一个国家合法售出的，购买者对该专利产品在任何国家具有自由处置的权利。根据这一原则，将合法售出的专利产品进口到专利权人取得专利权的其他国家，无须经过该专利权人的同意，这通常被称为允许“平行进口”。（所谓“平行”是指他人的这种不需要经过专利权人同意的进口权与专利权人的进口权并存。）

二、国际公约对专利权权利用尽的规定及一些国家的态度

TRIPs 协定第 6 条规定，就本协议的争端解决而言，在符合第 3 条（国民待遇）和第 4 条（最惠国待遇）规定前提下，本协定的任何规定不涉及知识产权的权利用尽问题。即 TRIPs 协定对专利权权利用尽问题没有作任何限制，各国可自由规定。

对专利权的“国内用尽”，在国际上没有争论。许多国家在其专利法中作了规定或者通过判例确立了这一原则。而对于专利权的“国际用尽”，国际上争论较大。因为与“国际用尽”原则紧密相关的是允许“平行进口”。“平行进口”产生的主要原因是由于各国制造、销售成本的差异，使专利产品在不同国家产生价格差，在低成本国家制造的专利产品就会流向价格较高的国家，而这种进口不需要经过专利权人的同意，使其无法获得这部分利益。由于发达国家专利较多，属于技术输出国，且其商品价位相对较高，为了保护本国专利权人利益，许多发达国家反对“国际用尽”原则，禁止“平行进口”，对违反者追究侵权责任。而发展中国家则多数赞成这一原则。

但是,发达国家反对“国际用尽”原则,也不是绝对的。比如美国近几年也有“平行进口”不属于侵权的案例。日本1997年之前对“国际用尽”持否定态度,1997年7月日本最高法院在“BBS铝制车轮案”的判决中采用了有条件的国际用尽原则,即平行进口不属于侵权行为,除非专利权人或其许可的人与购买者事先明确约定该专利产品不得进口到日本。1998年日本大藏省在海关规则中对平行进口问题作了相应规定。

三、允许“平行进口”对我国的影响

有观点认为,我国目前的创新能力与发达国家相比还有差距,我国还属于技术输入国,对一些关键产品还依赖进口。同时,与发达国家及许多发展中国家相比,目前我国商品处于低价位状态。所以,允许平行进口,不会出现在国外制造的专利产品流向我国的状况,因而不会对我国专利权人的利益造成影响。同时,允许平行进口可以使我国企业在国外购买的专利产品合法进入到我国。

关于仿制药实验不视为侵犯专利权的规定

在国务院提请审议的专利法修正案(草案)中,新增了一种不视为侵犯专利权的情形,即:专为获得和提供药品或医疗器械的行政审批所需要的信息而制造该药品或医疗器械的,不视为侵犯专利权(以下简称仿制药实验例外)。这一规定是参照国外有关规定作出的,现将有关情况简介如下:

一、仿制药实验与专利权保护的冲突

药品或医疗器械关系到公众健康,各国对其投放市场都实行严格的审批制度,且审批时间较长。为了通过审批,生产厂家要进行研究、分析和临床实验等一系列活动,以取得审批需要的数据和其他信息。对获得专利的药品和医疗器械,仿制企业(非专利权人)为了在专利权保护期届满后及时推出仿制品,往往需要在专利有效期内制造、使用或进口这些药品或器械,以从事研究、分析等活动,提前获得审批需要的数据和信息。这就必须要获得专利权人的许可并支付专利使用费,否则将会构成侵权。如果等到专利权保护期届满后再进行制造等行为,其产品上市就要在专利权保护期届满后一段时间，而这段时间仿制药品和医疗器械不能投放市场，在客观上延长了专利的保护期限。由于仿制产品的上市有利于降低药品和医疗器械的价格，对社会公众有益，这一问题引起一些国家的重视。

对此，一种观点认为，专利法将“为科学研究和实验而使用有关专利”作为不侵犯专利权的情形作了规定（科研实验例外），为获得行政审批所需要的信息而对专利药品进行制造等行为，属于“科研实验例外”。另一种意见认为，专利法意义上的科研实验只包括为了验证专利发明能否实施，或者是为了对该发明进行改进而进行的实验；仿制药实验属于利用发明专利本身的研究，具有商业目的，不属于科研实验。

二、有关国家和组织对仿制药实验例外的规定

1. 日本、德国将仿制药实验纳入专利法规定的“科研实验例外”

日本专利法第69条规定：“专利权的效力，不涉及目的在于实验或研究的发明专利的实施。”1999年，日本最高法院在相关案件的判决中指出，政府根据相关法律规定对药品实施的安全性审批或其他管理需要花费相当多的时间，而在此时期内无法实施专利。为此，针对药品保护的制度应当包括两部分：首先，药品专利的保护期可以得到不超过5年的延展；其次，为申报药品生产批准文号而实施专利的行为属于科研实验例外，不构成侵犯专利权。

德国专利法第11条规定，“专利保护不适用于为实验目的而实施发明专利的行为”。德国法院对该条款作了较为宽泛的

解释，认为通过使用专利产品来获取进一步的信息，比如用于临床实验、研发替代产品，以及获取市场准入，都构成科研实验例外。该标准在欧盟各国对科研实验例外的解释中是最宽的。

2. 美国、澳大利亚、加拿大、欧盟在专利法中专门规定了仿制药实验例外

美国对此作出专门规定源于 Roche v. Bolar 一案的判决。被告 Bolar 公司为了在专利保护期限届满后立即推出仿制药，在保护期内从加拿大进口了原告 Roche 公司的专利产品的生产原料进行实验。1984 年美国联邦巡回上诉法院认定 Bolar 公司侵犯了原告的专利权。Bolar 公司在上诉中指出，由于美国食品和药品管理局的审批周期长达数年，仿制企业等候审批的过程实际上延长了专利保护的期限。上诉法院在判决中承认存在这一问题，但是指出该问题应当通过立法解决。受此案推动，美国国会同年通过了《药品价格竞争与专利期限补偿法》，亦称 Hatch－Waxman 法案。根据该法案，美国专利法在第 271 条中增加了(e)款规定："在美国制造、使用、许诺销售、销售或者向美国进口发明专利产品的行为，如果单纯是为了依照有关法律的规定获得并提供为制造、使用或者销售药品或者兽医用生物产品所要求的有关信息，则不构成侵犯专利权的行为。"即在美国专利法中增加了一种不侵权的情形，由于该规定是因 Bolar 一案引起的，因而被专利界称为"Bolar 例外"。1990 年，美国最高法院在对另一起案件的判决中认定 Bolar 例外也适用于医疗设备专利。

澳大利亚专利法规定，对于药品专利和包含 DNA 重组技术的药品制造方法专利，如果相关药品已纳入澳大利亚治疗用品登记册，且专利生效日到药品被批准上市日的间隔超过五年，专

利权人可以申请将专利保护期最多延展五年。同时,在专利延展期内,允许非专利权人出于非治疗目的实施该专利。

加拿大专利法规定:“任何人为开发和提供加拿大联邦、各省以及其他国家规范产品制造、使用或者销售的法律所要求的信息而制造、使用或者销售专利产品的,只要是为合理利用该项专利所必需,则不构成对该项专利权的侵犯。”从该条规定看,不限于药品和医疗设备。在 2000 年欧共体诉加拿大的争端中,WTO 专家组裁定加拿大专利法的上述规定符合 TRIPs 协定第 30 条关于专利独占权的有限例外。

欧盟委员会于 2004 年实施的药品一揽子规则中第 2004/27 号指令引入了“Bolar 例外”规则,规定,进行必须的研究和实验及其后续实施要求不应当被视为侵犯专利权。欧盟委员会要求成员国在 2005 年 10 月 31 日前修改本国法律,将该指令纳入专利法。但是,欧盟专家指出,该规定未明确原料的供应和出口等行为是否也不侵犯专利权;而且“后续实施要求”也过于模糊,给各国法院留下了很大的空间,可能导致执法标准不统一。

三、在我国专利法中规定仿制药实验例外的意义

我国开发新的化学药品和医疗器械的能力与发达国家相比差距较大,同时又是公共健康问题较为突出的人口大国,在切实保护药品和医疗设备专利权的同时,在专利法中增加仿制药实验例外的规定,有利于社会公众在药品和医疗器械专利保护期满后及时获得价格低廉的药品和医疗器械。

关于向外国转让专利申请权、专利权和向外国申请专利的规定

一、我国向外国转让专利申请权或者专利权的规定

我国专利法规定:"中国单位或者个人向外国人转让专利申请权或者专利权的,必须经国务院有关主管部门批准。"在国务院提请审议的专利法修正案(草案)中,将此条规定修改为:"中国单位或者个人向外国人转让专利申请权或者专利权的,应当依照有关法律、行政法规的规定办理手续。"经查,该条所指有关法律、行政法规主要是指对外贸易法和《技术进出口管理条例》(以下简称《条例》)。有关规定如下:

1. 对外贸易法规定,国家准许货物与技术的自由进出口,但法律、行政法规另有规定的除外。同时,对限制或者禁止技术进出口的具体情形作了规定。

2.《条例》规定,技术进出口包括专利权转让、专利申请权转让、专利实施许可、技术秘密转让、技术服务和其他方式的技术转移。因此,向外国人转让专利申请权和专利权应当遵守条例关于技术出口管理的有关规定。主要内容是:(1)属于对外贸易

法规定禁止或者限制出口情形的技术，禁止或者限制出口。国务院外经贸主管部门会同国务院有关部门，制定、调整并公布禁止或者限制出口的技术目录。对限制出口的技术实行许可证管理，当事人应当向国务院外经贸主管部门提出申请。国务院外经贸主管部门会同国务院科技管理部门对申请出口的技术进行审查，并自收到申请之日起三十个工作日内作出是否批准的决定。限制出口的技术需经有关部门进行保密审查的，按照国家有关规定执行。技术出口申请经批准的，由国务院外经贸主管部门发给技术出口许可意向书。申请人取得技术出口许可意向书后，方可对外进行实质性谈判，签订技术出口合同。申请人签订技术出口合同后，向国务院外经贸主管部门申请技术出口许可证。国务院外经贸主管部门对技术出口合同的真实性进行审查，并自收到申请文件之日起十五个工作日内，对技术出口作出是否许可的决定，对许可的颁发技术出口许可证。技术出口合同自技术出口许可证颁发之日起生效。（2）对属于自由出口的技术，实行合同登记管理。即当事人应当向国务院外经贸主管部门办理登记。国务院外经贸主管部门应当自收到登记申请文件之日起三个工作日内，对技术出口合同进行登记，颁发技术出口合同登记证。技术出口合同自依法成立时生效，不以登记为合同生效的条件。（3）经许可或者登记的技术出口合同，合同的主要内容发生变更的，应当重新办理许可或者登记手续。经许可或者登记的技术出口合同终止的，应当及时向国务院外经贸主管部门备案。

二、一些国家向外国申请专利的规定

我国专利法规定，中国单位或者个人将其在国内完成的发明创造向外国申请专利的，应当先向国务院专利行政部门申请专利。申请专利的发明创造涉及国家安全或者重大利益需要保密的，按照国家有关规定办理。在国务院提请全国人大常委会审议的专利法修正案（草案）中，取消了向外国申请专利必须先申请中国专利的限制，保留了有关保密审查的内容。从目前掌握的资料看，为了防止专利申请中涉及国防安全、公众安全等信息的泄露，许多国家的专利法对向外国申请专利的审批作了规定。主要内容是：

1. 须经审批的发明创造

英国、新加坡、印度规定，在该国居住的人完成的发明创造，向外国申请专利须经审批。美国规定，在美国完成的发明创造，向外国申请专利须经审批。

2. 须经审批的专利类型

英国、新加坡、印度规定为发明专利；美国规定为发明、外观设计和模型注册专利。

3. 请求批准的方式

美国、英国、新加坡、印度等国家规定，请求人既可以单独向外国提出专利申请，也可以先向本国有关机构提出专利申请后再向外国提出专利申请。单独向外国提出专利申请的，应当获得本国有关机构的书面批准；先向本国提出专利申请的，如果在提出专利申请之日起一定时间内（美国为六个月，英国、印度为六周，新加坡为二个月）未接到禁止其向外提出申请的通知，该期限届满后即可向外国提出专利申请。

4. 对擅自向外国申请专利的处罚

英国专利法规定，擅自向外国申请专利的，处以一千英镑以下的罚款或二年以下监禁,或二者并罚。新加坡专利法规定,擅自向外国申请专利的,处以五千新加坡元以下罚款或二年以下监禁,或二者并罚。美国专利法规定,擅自向外国申请的,其在美国不能获得专利权,并处以一万美元以下罚金或二年以下监禁,或二者并罚。